JN437034

턴 투워드 부산

TURN TOWARD BUSAN

턴 투워드 부산

TURN TOWARD BUSAN

박흥일 수필집

수필과비평사

| 작가의 말 |

수필은 삶의 희로애락喜怒哀樂을 되새김하는 문학가행을 닮았다. 봉평에 갔다. 이효석을 만났다. '메밀꽃'이 활짝 핀 달밤, 허 생원의 방앗간 로맨스가 부럽고 솔깃했다. 옥천에 갔다. 정지용을 만났다. 〈향수鄕愁〉의 시비詩碑를 안고 기념사진을 찍었다. "얼룩백이 황소"가 우는 "금빛 게으른 울음"은 어떤 소리인지 어떤 모습인지 궁금증만 도졌다. 경주에 갔다. 박목월을 만났다. "구름에 달 가듯이" 가는 목마른 '나그네'인 양 막걸리 사발에 저녁놀을 타서 마셨다. 강진에 갔다. 다산초당에서 정약용을 마주했다. 찻잔 바닥에 얼비치는 "목민牧民"을 되새겼다. 예산에 갔다. 추사 김정희를 만났다. 사랑채 앞마당을 지키고 선 "석년石年"은 백오십 년이나 해묵은 그림자를 안고 있었다. 벌교에 갔다. 조정래를 만났다. 태백산맥에 상처를 낸 민족분단의 뿌리를 봤다. 목포 유달산에 올랐다. 이난영을 만났다. 달빛에 아롱거리는 삼학도를 내려보며 〈목포의 눈물〉을 열창하였다. 전주에 갔다. '오목대'에 올랐다. 청풍명월용불갈淸風明月用不渴이라 쓴 주련이 더위에 지친 나그네를 보듬었다. 데카브

리스트의 애환이 서린 러시아의 이르쿠츠크에 갔다. 바이칼 설원에 피어난 이광수의 지순한 사랑 이야기, 〈유정有情〉을 되짚으며 보드카를 마셨다. 인도 바라나시로 갔다. 갠지스강의 노천 화장터에서 피어오르는 메케한 연기가 눈을 찔렀다. 이승의 업보를 대속해 주겠노라는 걸인에게 동전 몇 닢을 보시했다. '탱큐'라는 빈말 인사치레는커녕 길바닥에 질척거리는 쇠똥을 보듯이 멀뚱거리는 홀대에 저승의 '희락喜樂'이 바리바리 굴러온다 해도 먼발치로 내밀치고 싶었다. 카레 향이 짙게 밴 갠지스강 바리나시에서 가부좌를 틀고 희락의 초대장이 배달될 그날을 기약 없이 기다리던 눈먼 순례자의 주름진 얼굴이 눈에 밟힌다.

초침秒針을 시침時針으로 살지 못한 금쪽같은 지난 세월이 아쉽기도 하지만, 수필이라는 촉수로 삶의 추임새를 흥겹게 다듬는 오늘이 있어 심장이 뛴다. 내가 쓴 수필의 글 자국마다 천지 만물의 밀어蜜語와 향내가 가득가득 넘쳐나길 소원한다. 세상 물정 모른 채 연구실에 묻혀 살아온 나를 응원하며 흔쾌히 길동무가 되어 준 사랑하는 아내 신성희의 고희수연古稀壽宴에 이 수필집을 바친다.

2023년 7월

박흥일(朴興日)

차례

2부

턴 투워드 부산

3부

어머니의 텃밭

4부

업경

5부

바이칼

1부

기대고 싶은 친구

노천탕

시골집을 수리하고 남은 모래를 감나무 밑에 소복하게 모아 두었다. 주말에 갔더니 봉긋하게 솟아있었던 모래더미가 민듯해 지고, 한라산의 작은 오름처럼 군데군데 움푹움푹 파여 있었다. 우리 집에 나 말고 모래에 손댈 사람이 아무도 없는데 내가 없는 틈에 모래더미를 뭉개며 달걀모양의 작은 구덩이를 남긴 불청객이 누군지 궁금했다.

들고양이가 왔다 갔나. 낮에는 하릴없이 어슬렁거리고, 밤이면 눈에 불을 켜고 영역을 지키느라 늘 피곤한 들고양이? 깃털같이 사푼거리며 발자국을 지우고, 변을 보고 흙으로 덮어야 직성이 풀리는 결벽증의 들고양이가 구덩이를 팠을 리 없지. 설마 고라니? 동네 어귀의 텃밭에서 새끼를 낳은 철없는 고라니? 도망가던 길을 멈추고 되돌아오는 순진무구한 고라니? 무릎 높이의 그물망만 쳐두어도 뛰어넘을 엄두를 못 내는 겁쟁이 고라니가 구덩이를 팠을 리 없지. 들고양이도 고라니도 아니라면, 나만 보이지 않으면 잽싸게 몰려와서 구덩이를 파고 제집인 양 분탕질을 하며 놀아나는 겁 없고 천진한 놈은 누굴까.

매봉산의 터줏대감 솔개? 구천九天을 훑는 천리안으로 전광석화같이 먹잇감을 낚아채는 들짐승의 저승사자? 아닐 거야. 그림자만 어른거려도 산천이 숨이 멎는 하늘의 지존께서 감나무 아래 작은 모래더미나 뭉개며 채신머리 없는 짓을 하면 웃음거리지. 산비둘기? 앞들 뒷산 콩밭을 다 훑어 먹고도 '자식 죽고 마누라 죽고 배고파서 못 살겠다.'라고 서럽게 울고 다니는 걸신乞神? 전깃줄에 앉아서 꾸벅거리다가 느닷없이 공동묘지를 바라보고 테너 음색으로 애절하게 울어대는 의뭉스러운 산비둘기? 산비둘기는 피자같이 넓고, 판판하게 구덩이를 파는 놈이라서 덤터기를 벗었다.

완전범죄인가. 타원형의 작은 구덩이가 명백한 증거인

데도 오리무중을 헤매야 하나. 범인은 반드시 사건 현장에 다시 나타난다는 범죄 수사의 격언에 용기를 얻어 감나무 주변을 밤새워 지켰으나 개미 한 마리도 얼씬거리지 않았다. 그렇다면 백주에 누가 감히 그런 짓을? 휘황찬란한 밤무대를 마다하고 일광을 탐닉하는 날짐승이라면 어떻게 생긴 놈일까.

등잔 밑의 면식범? 연중무휴 시끄럽게 마을을 맴도는 그놈? 부리에 황금색 연지를 바르고, 호피 무늬의 망토를 걸치고, 블랙 페디큐어에다 연분홍 부츠로 멋을 부리는 붙박이 꼬마 텃새? 파도타기의 저공비행으로 마을을 순찰하고, 모둠발로 폴짝 이며 골목을 누비고, 날마다 허수아비와 싸움박질하고, 농익은 홍시를 파먹다가 돌팔매를 맞고, 거미줄에 걸려 발버둥 치는 잠자리를 훔쳐 먹는 객기도 부리고, 노닥거리다 지치면 나무 그늘에 숨어들어 낮잠을 자는 천방지축의 어릿광대, 참새?

단감나무의 가지가 휘청했다. 자리다툼을 하는지 참새 한 마리가 모래더미로 뛰어내렸다. 날개를 퍼덕이며 바늘 같은 발톱으로 모래를 흩뿌렸다. 깃털 사이사이 꼼꼼하게 모래를 끼얹고는 꼬리를 치고 몸통을 비트는 색시댄스 춤사위로 모래를 깔끔하게 털어냈다. 모래더미에 생긴 작은 구덩이는 시골집을 지키는 참새 친구의 노천탕露天湯이었다.

참새는 어떻게 알았을까. 우리나라는 물이 부족한 국가이고, 모래더미가 값싸게 반복이용이 가능한 친환경 무수노천탕인 것을. 잔디마당 가운데 쌓여있는 모래더미를 치워야 하는데 고민이다. 노천탕을 허물어 참새 친구를 내칠 용기가 없다. 참새가 떠나가면 내 고향도 간데없을 것이다. 내 가슴에 문신文身된 고향 지킴이의 생기발랄한 노랫소리를 듣지 못하는 날이 올까 두렵다.

단감나무 아래 모래더미를 깔끔하게 손질해야겠다. 내가 집을 비운 사이에 친구가 찾아와도 선걸음으로 돌아가지 않고, 단감나무 이파리를 파라솔 삼아 따끈한 햇살 인두로 세파에 긁힌 생채기를 다림질하며 쉬어가라고.

(2017)

직박구리*

콩을 심었다. 일주일이 지나도 콩이 나지 않았다. 너무 깊게 심어 그럴 수 있겠다 싶어 약간 얕게 심었다. 이번에도 콩이 나지 않았다. 세 번째는 아예 막대기에다 눈금을 표시하고, 도장을 찍듯이 정확하게 깊이를 재가며 세 알씩 삼각형으로 심었다. 따가운 햇볕에 여린 싹이 말라버릴까 걱정이 되어 콩 심은 자리를 마른풀로 덮어 놓았다.

---

* 직박구리는 참새목 직박구리과의 한 종으로, 몸길이는 14~28㎝정도의 텃새이다. 갈색과 회색을 띠며 과수원에서 흔히 볼 수 있다.

주말이 돌아왔다. 연록의 이파리가 팔랑거릴 산비탈 콩밭에 갔다. 이파리는 간데없고 갓 올라온 콩대마저 낫으로 벤 듯 싹둑싹둑 잘려나가고, 몰염치한 침입자가 저지른 만행의 흔적이 뚜렷하게 남아 있었다.

콩밭을 망친 주범으로 산비둘기를 지목했다. 텃밭에 갈 때마다 전깃줄에 홀로 앉아 졸고 있는 그 산비둘기가 의뭉스러웠다. 내가 가까이 가면 인기척에 놀라는 시늉을 하며 더 구슬피 울던 비둘기다. "계집 죽고, 자식 죽고, 망건 팔아 초상 치르고, 외로워서 못 살겠네, 배고파서 죽고 싶네, 구구구, 구구구" 구성지게 흥글타령을 하며 측은지심을 구걸하던 그 비둘기다. 콩 심는 것을 곁눈질하고 있다가 내가 텃밭을 떠나기 무섭게 몽땅 파먹은 것이다. 콩밭에서 모래 목욕을 하며 노닥거린 놈이 그 비둘기 말고, 누구이겠는가.

엎친 데 덮친 격으로 말문이 막힐 황당한 현장을 목격했다. '도둑질하고 그곳에 똥을 싸놓으면 잡히지 않는다.'라는 속설을 어떻게 알았는지, 고라니란 놈이 군데군데 똥을 싸놓았다. 간이 배 밖에 나오지 않고서야 감히 콩잎을 모조리 훑어 먹는 횡포를 부릴 수 있을까. 내가 농심의 수습과정修習課程만 거듭 이수하고 있는 순진한 주말 농군이라는 것을, 밤낮으로 콩밭을 지킬 형편이 아니란 것을 고라니가 간파한 것이다. 나는 백기白旗를 들었다. 올해 콩 농사는 접기로 했다. 이미 파종의 절기를 놓치기도 했거니와 떡잎조차 파먹고 콩대까지 모조리 잘라 먹는 불한당의 배를 채워준 헛고생이 억울했기 때문이다.

허탈한 마음으로 집에 왔다. 그런데 이번에는 집 뒷마당에 심어 둔 무화과나무가 시끄러웠다. 무슨 영문인지 몰라 멀찌감치 떨어져 엿보았다. 갈색의 직박구리 한 쌍이 무화과나무에 부리를 씻으며 짹짹거리는 꼴이 심상치 않았다.

"농익은 무화과를 즉석에서 따먹는 재미로 텃밭을 가꾸는 게 아닌가 봐. 내가 얄미워서 설익은 무화과까지 야박하게 몽땅 따 가다니. 우리가 먹으면 얼마나 먹는다고? 백 번을 쪼아도, 일주일 내내 먹어도 무화과 하나를 먹지 못해요. 부산에서 비싼 고속도로 통행료 내고 이 먼 데까지 들락거리는 심보를 도대체 모르겠어. 나 같으면 차라리 청과시장에 가서 때깔 좋은 무화과를 사 먹겠다."

나도 직박구리에게 혼잣말로 말대꾸를 했다. "농익은 무화과 하나만 골라서 먹는다면 손뼉 치며 대접하지. 그까짓 거 뭐라고. 해마다 감나무 꼭대기에 까치밥을 남겨

두는 내 마음 씀씀이를 두 눈으로 보고도 모르냐. 다 먹지도 못하면서 이것저것 쪼아 놓는 심술 때문에 단맛을 맡고 날아드는 땅벌의 위험천만한 습격은 왜 내가 당해야 하냐고. 설익은 무화과를 따서 시들하게 익혀 먹어야 하는 내 심정을 알기나 하냐고."

직박구리가 겁도 없이 나를 째려보며 속마음을 떨어낸다. "입에 닥치는 대로 무화과를 찍어댄 우리 잘못은 그렇다 치자. 그래 봐야 당신만 속상하지. 주말에 잠깐 와서 잘 가꿔놓고 가면 뭐하냐고. 월요일부터 금요일까지는 우리가 주인 노릇 하는지 모르나 봐. 주말만 참으면 농익고 달콤한 무화과는 몽땅 우리 간식거리지. 주인의 인심이 야속하지만, 무화과나무를 통째로 잘라버리기 전에 우리도 자중하자고. 주인이 오는 날에는 눈치껏 들락거리고 눈에 띄지 말자니까."

직박구리에게 뒤통수를 맞았다.

사실 나도 한때는 직박구리 짓을 했다. 매콤한 풋고추만 봐도 군침이 돌며 전투력이 백배 상승하던 때의 이야기다. 숟가락으로 대충 자른 풋고추 한 조각만 넣어도 싸리비같이 뻣뻣한 콩나물 된장국이 육개장으로 변신하는 매운맛의 묘미를 모른다면 맛의 병역을 미필한 거나 다름없다.

40여 년 전이다. 강원도 인제의 청정 골짜기, 부대로 귀대하는 길목에 밭고랑이 엄청 길고 넓은 고추밭이 있었다. 수십 명의 병사가 일렬로 고추밭 고랑에 바싹 붙어 오줌을 누는 시늉을 하다가 주변에 민간인이 없다는 수신호가 떨어지면 닥치는 대로 한 움큼씩 고추를 훑어 호주머니에 넣었다. 수십 명의 직박구리 병사가 스쳐 간 고추밭은 메뚜기 떼가 지나간 것처럼 쑥대밭이 되었다.

어느 날, '장병 여러분! 제발 길가 밭고랑 고추만 따가세요.'라는 투박한 글씨의 호소문이 고추밭에 내걸렸다. 철조망을 치거나, 부대장을 찾아와 변상을 청구하지 않고, 힘들게 농사지은 고추밭 한 고랑을 병사들에게 선뜻 내놓았던 농부의 심정은 어떠했을까.

무화과 하나 더 먹겠노라 천진무구한 직박구리에게 치졸한 텃세를 부린 내가 우습다. 무화과나무의 가지를 시원하게 쳐서 비좁은 가지 사이로 눈치를 보며 숨어드는 직박구리의 하늘길을 넓게 터주어야겠다. 거름도 넉넉하게 해서 직박구리가 먹고 남을 만큼 무화과가 풍성하게 열리도록 해야겠다. 직박구리가 알아먹든 모르든 간에 '직박구리야, 주말에 내가 먹을 무화과 하나만 남겨다오. 잘 익은 꿀맛 무화과가 보이면 부리로 꼭꼭 찍어 표시해 두면 진짜

고맙겠다.'라고 화해의 문자메일을 보내야겠다.

천하위공天下爲公이라 했던가. 고라니나 직박구리의 처지에서 보면, 텃밭과 뒤뜰이 내 것이라 우길 명분은 없다. 어차피 산비탈 콩밭은 비둘기의 모래 찜질방이고, 뒤뜰의 무화과나무는 직박구리의 휴게실일 바에야 서로를 존중하며 다툼 없이 함께 어울릴 수밖에 없지 않겠나. (2014)

둥지 대란

연꽃이 피었다. 부처님 오신 날을 봉축하는 연등이 절 마당을 뒤덮었다. 낯익은 까치 한 마리가 폭포사 대웅전 용마루에 자리를 잡고 절 마당을 내려다본다. 사람들은 무슨 잘못을 저질렀기에 절 마당에 들어서기도 전에 합장하고 허리를 굽신거릴까. 저토록 많은 연등의 꼬리표에는 어떤 서원誓願이 적혀있을까.

사람들이 빈 둥지를 닮은 연등에다 꼬리표를 달아놓고 절을 하는 이유가 궁금해서, 까치는 연등이 주렁주렁 매달려 있는 절 마당으로 뛰어내렸다. 손에 닿는 연등의 꼬리표 하나를 골랐다. 꼬리표에는 가족의 '생년과 이름, 주소'만 달랑 적어놓았다. 자잘한 부탁이 없다. 생로병사와 길흉화복은 모두 당신의 손안에 있기에 이러쿵저러쿵 시시콜콜 소원을 적어 애원하지 않을 테니 알아서 하시라고 백지 수표를 내민 격이다. '가족 건강, 부모님 무병장수'라고 쓴 꼬리표가 보였다. 불심이 태평양보다 넓고 깊은 효자인가 보다. '취업 성공, 공무원 시험 합격', 아르바이트로 연명하는 백수 청년도 호주머니를 털어 연등 시주를 했나 보다. 가슴 아리는 꼬리표다. '좋은 인연'이라는 연분홍 꼬리표 위에 '아들 연애 소원'이라고 쓴 꼬리표가 겹쳐있다. 제발 둥지를 떠나달라는 부모의 애원일레라. '꿈꾸듯 훌훌 벗고 함께 떠나세', 수전증의 떨리는 손으로 비뚤비뚤 써놓은 애틋한 작별 인사의 꼬리표다. 노노부양老老扶養의 병시중에 심신이 무너져가는 어른이 다녀가셨나 보다.

'돈벼락 떨어져라. 앗싸! 로또 당첨'이라니. 발칙한 꼬리표다. 돈을 달란다. 명당 묫자리에 투장을 하듯 어처구니없는 꼬리표다. 부처님의 탄생을 축하하는 잔칫날에도 중생들은 탐심을 숨기지 않았다.

'서울 아파트 당첨'이라는 꼬리표가 손에 잡혔다. 아파트에 당첨되려면 백두산에서 한라산까지 삼보일배의 공덕을 바쳐도 당첨될까 말까 하다던데, 황당한 소원이다. 열반의 둥지를 얻으려고 갠지스강의 화장터 불구덩이를 맨발로 건너가는 눈먼 순례자의 고통을 부처님께 떠넘기다니. 부처님 오신 날을 핑계 삼아 은근슬쩍 서울 아파트를 분양받게 해달라고 졸라대다니. 떼를 쓰는 것인가. 안 되면 그만이고 막가파의 간 보기 심보인가. 이 연등을 단 사람은 누구일까. '똘똘한 한 채'의 대열에 끼지 못한 박탈감과 눈뜨고 쌈짓돈을 소매치기당한 우울증으로 잠 못 이루는 벼락 거지일까. 어라! '서울 아파트 매입 쟁취'라고 또박또박 눌러 쓴 꼬리표가 발길을 막는다. 부처님의 뒷배가 부족하다면 테스형이라도 모셔올 기세다. '당첨'의 횡재는 사주에도 없는 박복한 팔자라서 애당초 분양 신청을 포기한 모양이다. 서울에 있는 아파트라면 가격 불문하고 달라는 대로 사겠다는 선언문 같은 꼬리표다.

'영끌(영혼까지 끌어모음)'이라고 쓴 신조어 꼬리표가 펄럭인다. 둥지 대란의 근조 리본인가. '#영끌#아파트', 해시태그의 쇠사슬로 소원을 엮은 유별난 꼬리표다. 흙수저의 영끌 족이 달았나 보다. 오늘의 최고가가 내일의 최저가로 널뛰는 수도권 아파트를 명품가방 수집하듯 싹쓸이하는 둥지 사냥꾼이 출몰했다는 뉴스가 사실인가 보다.

까치가 꼬리표 읽기에 지쳤는지 갑자기 날개를 퍼덕이며 경련을 일으켰다. 물어보나 마나 이른 봄, 상가商街 공터의 전봇대 꼭대기에서 벌어졌던 둥지 내몰림의 수모가 떠올랐기 때문이리라.

그날, 까마귀를 쫓아내느라 파김치가 된 암컷 까치가 수컷을 보자 괜스레 화가 치밀었다. 둥지를 틀어야 알을 품을 텐데, 수컷에게 꾸물거리지 말고 나뭇가지를 물어오라고 채근했다. 까치 부부가 입술이 부르트도록 가지를 물어다 날라 얼기설기 둥지가 엮어질 즈음, 전력회사의 사다리차가 바람같이 달려와서 까치집을 허물었다. 둥지가 땅바닥에 널브러졌다. 재래시장이 가까워서 사철 내내 먹이 걱정이 없는 도심의 전봇대 꼭대기에 펜트하우스를 짓고, 화려한 밤 문화를 즐기며 알콩달콩 살아보려는 꿈이 물거품이 되었다. 까치는 이삿짐센터의 사다리차만 보여도 둥지 내몰림의 트라우마가 도져서 둥지를 찾아가지 못하는 지남력 장애를 앓았다. 까치는 둥지를 빼앗긴 서러움을 하소연하려고 폭포사 대웅전으로 날아갔다. 법당을 몇 번 기웃거리기만 했을 뿐인데 화병火病이 누그러졌다. 까치는 대웅전 처마 밑에 매달린 연등에 올라앉아 슬쩍궁

'대박! 까치 입주'라고 꼬리표를 달았다. 법당의 부처님은 눈을 내리뜨고 까치를 못 본 척하며 알 듯 말 듯 한 미소만 지었다.

까치는 검정 연미복에 하얀 비단 망토를 차려입었다. 까치는 밤이 이슥하도록 절 마당을 선회하며 탑돌이를 하였다. 해돋이가 장엄한 솔라 뷰*view*, 수평선이 아득한 오션 뷰, 물새가 유유히 날아가는 리버 뷰, 활기찬 도심의 시티 뷰, 수목이 울창한 파크 뷰, 백조가 헤엄치는 레이크 뷰, 솔향이 상쾌한 마운틴 뷰, 달빛이 은은한 문탠 뷰, 당신을 사랑하는 알라 뷰*I love you*의 둥지를 점지해 달라고 합장 소원하는 이 땅의 모든 이에게 부처님의 자비가 넘쳐나길 빌고 빌며. (2021)

해우소 소동

변이다. 대변이다. 쉬파리가 앵앵거리며 파티를 한다. 누군가가 무례한 짓을 저질렀다. 잔디 카펫을 깔아 둔 마당을 망쳐놓았다. 한밤중에 뒷집 흰둥이가 다녀갔나? 넓디넓은 자기 집 마당을 두고 하필 우리 집에서 실례한 이유를 찾기가 마땅찮다. 앞뒷집에 살면서 나만 보면 짖어대는 흰둥이가 하도 시끄러워 빗자루로 때리는 시늉을 몇 번 한 것 빼고는 흰둥이의 원한을 산 일은 딱히 없다. 용변을 본 지 여러 날이 지났는지 말라서 굳어 있다. 변에는 잿빛 솜털이 듬성듬성 섞여 있다. 사료만 먹는 흰둥이가 들쥐를 잡아먹었을 리가 없다.

흰둥이가 아니라면? 밤낮으로 시도 때도 없이 마을 골목길을 어슬렁거리는 길냥이? 길냥이가 의뭉스러웠다. 그런데 길냥이는 자신의 배변 흔적을 철저히 감추기 때문에 언제 어디서 변을 보는지 그 누구도 눈치챌 수 없는 은폐와 엄폐의 고수高手로 소문이 자자하지 않은가. 그런 길냥이가 방범등이 대낮같이 밝은 마을 주차장에서, 동네 사람들의 왕래가 잦은 대낮의 골목길 한복판에서, 사방이 훤하게 트인 잔디마당에다 막가는 행동을 했을까. 변에 섞여 있는 들쥐의 잿빛 솜털이 길냥이를 주범으로 확정을 짓는 명쾌한 단서가 되었지만, 길냥이가 잔디마당에 변을 보고 뒤처리를 팽개친 의문은 쉽사리 풀리지 않았다. 길냥이가 제멋대로 변을 보는 못된 버릇을 고치자고 '길냥이 자동인식 경고방송 CCTV'를 설치하기도 열없고 난처하였다. 길냥이가 평소와 달리 변을 드러내는 것은 길냥이가 누구에게도 말 못 할 고민을 하소연하려는 시위가 아닐까. 길냥이가 보든 말든, 길냥이가 듣든 말든 지나가는 혼잣말로 길냥이에게 말을 던졌다.

"이러면 안 되지. 내가 쓸고 닦는 잔디마당에 변을 보면 곤란하지. 내가 잔디 마당을 얼마나 아끼는지, 잔디마당 잡초 뽑기가 얼마나 힘든 일인지 곁에서 쭉 봐 왔잖아. 가위로 잔디를 깎느라 생긴 물집을 바늘로 따며 고생고생하다가 거금을 투자하여 사들인 전동 잔디깎이가 택배로 오는 것도 봤잖아. 내가 애지중지하는 잔디 카펫에 엉큼스레 큰 것을 실례한다면 함께 살 수가 없지. 나는 길냥이 네가 내 허락도 없이 헛간에서 새끼를 낳아 기를 때도 젖먹이 새끼가 놀라 땅바닥에 떨어질까 봐 뒤꿈치를 들고 살그머니 들락거렸는데, 막가파로 아무 데나 배설을 한다면 이제 갈라서는 일 말고 무엇이 남았겠어. 결판을 내자고. 우리 집에서 동거할 건지 떠날 건지 담판을 짓자고."

마당을 어슬렁거리며 듣는 중 마는 둥 하던 길냥이가 잔디마당에 배를 깔고 엎드려 앞발로 마른세수를 하고 나서 입을 열었다. "나, 길냥이 한마디 합시다. 여기가 모스크바 지하철도 아니고 화장실이 없다는 게 말이 됩니까. 어떤 일이 있어도 배변의 흔적을 남기지 않는 청결 원칙은 우리 길냥이 가문의 긍지이며 자부심이라오. 손바닥만 한 맨땅만 있어도 공중위생에 폐를 끼치는 경우 없는 짓은 하지 않는다오. 언제부터인가 갑자기 골목길은 아스팔트가 깔리고, 마당은 잔디밭으로 바뀌고, 채소를 가꾸는 자투리 텃밭조차 잡초가 성가시다고 검정 비닐로 덮였더라고요. 집 안팎에 맨땅의 공터가 사라지는 바람에 배설할 곳을 찾아 헤매느라 정말 똥을 쌀 지경이라오. 길 가는 사람을 붙잡고 길냥이가 배변을 못 해 속이 부글거린다고 하면 그 말을 누가 믿겠우. 참다가 참다가 한길 복판에서 엉덩이를 까고 배변을 하는 길냥이의 신세가 얼마나 처량하고 위험한지 이해하지 못할 거요. 만약 이런 몰골을 들쥐가 본다면 우릴 얼마나 하찮게 여기겠소."

길냥이가 머리끝까지 치미는 화를 달래려고 날카로운 발톱으로 감나무를 긁다가 작심한 듯 경고성 발언을 이어갔다. "길냥이의 화장실 프라이버시를 송두리째 빼앗고 야박하게 굴면 우리 길냥이도 두 손 꽁꽁 묶고 그 치욕스러운 수모를 마냥 앉아서 당할 수만 없지요. 요즘 한창 떠들썩한 사회적 거리두기social distance의 엄청난 고통을 뼈저리게 당하고 있으면서도 길냥이의 항변을 눈치채지 못한다면 쇠귀에 염불하기와 진배없지요. 이름도 모르는 병원균들이 득실거리는 길냥이의 배변이 마을 곳곳에 널브러져 있는 참상을 상상해보면 저절로 답이 나올 것 아니요. 길냥이의 배변이 흙 속에서 분해되어 자연스럽게 사라져야 하는데, 당신들이 배변에 무방비로 노출되면 어떤 괴질怪疾의 밥이 될지 누가 알겠소. 길냥이의 배변 품격은 둘째치고라도 인간의 목숨 줄을 길냥이가 잡고 흔든다면 땅을 치며 통탄할 일이 아닐까요. 당신들이 자랑하는 문명이란 마천루를 짓고 고속도로를 뚫고 빗물 한 방울 스며들 틈도 없이 온 세상을 시멘트로 덧씌우는 토목 기술만 일컫지 않겠지요? 천지 만물과 더불어 살아가는 시민사회를 구축하는 것이 문명인의 도리가 아닐까요. 당신들의 문명과 우리 길냥이의 야성野性이 직접 격돌하지 않도록, 길냥이가 생존의 맨땅 화장실을 지키려고 인간을 공격하는 공멸의 비극이 발생하지 않도록 미리미리 방책을 세워야겠지요."

길냥이가 수염을 매만지며 대화를 이어갔다. "길냥이의 기척이 나면 조명이 켜지면서 음악이 흘러나오고, 여름이면 시원한 바람이, 겨울에는 따뜻한 열풍이 배변의 안락한 분위기를 돋우는 '연중무휴 24시간 개방 화장실'이라면 금상첨화겠지요. 터키에서 봤다는 길고양이 휴게소를 벤치마킹하면 답이 나올지도 몰라요. 그 곳에는 길냥이가 좋아하는 장난감, 사다리, 그늘막, 먹이와 물, 비바람을 가리는 잠자리, 장미꽃 울타리로 가려진 모래밭 화장실이 꾸며져 있다네요. 오래전부터 지중해 문화유적으로 유명한 여러 도시에서 길냥이의 시위가 들끓었고, 길냥이의 전용 화장실이 마련되지 않으면 똥으로 온 시가지를 덮어버리겠노라 으름장을 놓았다네요. 그때, 길냥이 유럽연합의 '배변 아무 데서나 보기' 캠페인도 힘을 보탰답니다."

길냥이가 답답했던 응어리가 풀리는지 뜬금없이 식후경을 들먹였다. "금강산 구경도 식후경이라 했다오. 살기 위해서 먹느냐, 먹기 위해서 사느냐를 가리기 전에 배변 욕구를 해결하지 못하면 금강산도 똥 무더기로 보일 게 뻔하지요. 배변이 급하면 아무리 좋은 구경거리라도 만사가 귀찮지요. 화장실은 길냥이만의 문제가 아니라오. 길냥이가 울부짖지 않더라도 도시의 골목마다 항균 · 탈취 길냥이 화장실을 의무적으로 설치해야 할 날이 곧 닥칠 거라오."

사람 살기 편해지자고 시멘트와 아스팔트를 깔고, 잔디를 심고, 비닐을 덮는 바람에 길냥이가 흙을 구경할 수 없게 되었다. 흙을 밟아 보지 못한 길냥이가 떼지어 어슬렁거릴 날도 얼마 남지 않았다. 뒷발로 흙을 덮어 배설물을 숨기지 않는 뻔뻔스러운 길냥이가 우리 집 잔디마당에 해우소解憂所를 차렸다. 길냥이의 배변 야성을 짓뭉개버리고 맨땅의 텃밭을, 노천 해우소를 없앤 내 탓이 더 크다.

길냥이가 배변을 여기저기 질금거리며 세균바이러스 전

쟁을 선포할까 두렵다. 해우소를 빼앗겨 격분한 길냥이의 잔디마당 배변 소동을 귀담아들었어야 했다. 우선 급한 김에 텃밭의 비닐부터 걷어내야겠다. 햇볕이 잘 드는 모퉁이에 흙밭을 마련해 주어 길냥이의 해우소 소동을 잠재워야겠다. (2022)

점 있으면 벗어보소

주말이면 시골집 텃밭에 간다. 그곳에 갈 때마다 은근히 장날이기를 기대한다. 마침 가는 날이 장날이었지만, 장터는 칠월 땡볕에 풀이 죽어 한산하였다. 초로의 아주머니가 염천 무더위라도 옥수수는 따끈해야 제맛이라며 옥수수 찜통을 비닐로 감싸고 있었다. 쫄깃하고 땡땡한 놈으로 3천 원어치 달라고 했다. 아주머니는 선심 쓰듯 이리저리 골라가며 옥수수 여섯 개를 검은색 비닐봉지에 담았다.

시골 장날의 참맛은 흥정과 덤이다. 흥정과 덤의 틈새

에서 구수한 정이 샘솟는다. 나는 장터 정담情談을 맛볼 요량으로 아주머니에게 넌지시 말을 걸었다. 어디서 자주 뵌 일가 같은데 덤 하나를 달라고 흥정을 띄웠다. 아주머니는 대뜸 김가金家냐고 물었다. 김가는 불알에 점이 있다는, 언젠가 주워들은 우스갯소리가 번개같이 떠올랐다. 어물거리지 않고 대뜸 김가라고 했다. 아랫도리를 밀어내 보이며 점이 있다고 둘러댔다. 아주머니는 무덤덤한 말투로 점을 봐야 덤을 줄 건지 말 건지 아니냐고 대꾸했다. 쾌재를 불렀다. 삶은 수수 미끼에 참게가 끌려오듯이 옥수수 아주머니는 내 흥정을 덥석 물었다.

나는 짐짓 허둥대는 체하며 허리춤의 벨트를 끌렀다. 엉덩이를 흔들며 바지를 내리는 익살을 부렸다. 옥수수 아주머니 곁에서 말참견 기회를 엿보던 애호박 아주머니가 옥수수 아주머니의 등을 밀치며 엉거주춤 일어섰다. 애호박 아주머니는 내 바지를 잡고 말리는 시늉을 하며, 옥수수 아주머니를 장난조로 타일렀다. "불알에 있는 꼴랑* 점 하나 보려다가 옥수수 몽땅 다 줘야 할 일 생길지도 모른다. 남의 남정네 불알 보다가 끝장난 집 숱하게 봤다.

---

* 꼴랑: '별거 아닌 것'이라는 경상도 사투리

나는 책임 못진데이. 아서라, 마** 됐다. 그 양반 얼굴색도 가무잡잡하고 거시기도 만만찮아 보이는데, 옥수수 몇 개 팔려다가 망신살 빈털터리 될라. 아이고 어짜모 좋노"

흥정과 덤 사이에 숨어있던 농담이 퍼덕이며 꼬리를 쳤다. 까무러치는 웃음보에 장터 양철지붕이 들썩거렸다. 옥수수 아주머니는 애호박 아주머니를 내치는 척하며, 정말 불알에 점이 있는지 봐야 한다고, 점이 없으면 덤은커녕 오히려 하나를 빼겠다며 고삐를 당겼다. 남아일언 중천금이라는 말로 오금까지 박으며 내 눈치를 살폈다. 옥수수 아주머니에게 코뚜레가 잡혔다. 승부수를 던져야 할 참이었다. 그런데 내 불알에 점이 있는지 없는지 일부러 살펴볼 일이 없었던지라 나는 절벽 고사목에 매달린 메주꼴이 되었다. 싱겁게 끝날 흥정에 안달이 났다.

궁하면 통한다고 했던가. 그 순간, 옥수수 비닐봉지를 들고 있는 손등의 흐릿한 점이 눈에 잡혔다. 수년 전 얼굴에 생긴 점을 뺀 기억도 스쳐 갔다. 얼굴이며 팔뚝 이곳저곳에 무차별 생겨나는 얼룩 반점이 불알이라고 비켜 갈 리 만무하므로 어딘가에 점 하나는 반드시 있을 거라고 확신

** 마: '그냥'의 경상도 사투리

했다. 용기백배하여 바지춤을 잡았다. 하지만 끝끝내 점을 내보이는 끝장 퍼포먼스는 하지 않았다. 마수걸이에 부정 탈까 봐 장터 지신이 내 바지춤을 잡아 올린 것도 아니고, 애호박 아주머니가 한사코 말린 것도 아니었다. 바지춤을 내리는 볼썽사나운 몸 개그가 시골 장터의 순박한 정경을 해칠까 봐 마음이 쓰인 탓도 있었겠지만, 이미 옥수수보다 더 옹골찬 장터 웃음보를 덤으로 받았기 때문이라 말하고 싶다.

내년 이맘때, 옥수수가 영그는 칠월이 오면 배꼽 밑에다 지워지지 않는 유성 잉크로 새카맣고 또렷한 점을 찍어야겠다. 고향 친구들의 허벅지에도 손자 놈들 엉덩이에도 점 하나씩을 찍어 넣고 장터로 몰고 와야겠다. 점이 있으면 벗어보라고, 덤을 주겠노라고 큰소리치던 옥수수 아주머니를 에워싸고, 보일 듯 말 듯 배꼽을 내보이는 각설이 장터 춤을 추면서 에누리 말 잔치를 벌여야겠다. 크든 작든 또렷하든 희미하든 점 있는 사람이면 무조건 덤을 준다고 고래고래 호객하여 옥수수 찜통을 단번에 비워드려야겠다.

이번 주말도 장날이 어긋나서 서운하지만, 텅 빈 장터라도 휘돌아 보고 텃밭으로 가야겠다. 팍팍한 삶의 앙금

을 걸러주는 정담이 덤으로 넘치는 장날 같은 나날을 꿈꾸며. (2012)

싸리꽃 라떼

커피에 우유를 타면 '카페라테'가 되고, 밥값도 내지 않고 손주 자랑 동영상을 시도 때도 없이 불쑥 들이밀면 '고슴도치라테'가 된다. 외지에 나간 아들이 손주를 출산했다는 소식을 종탑에 매달린 확성기로 논밭에서 전해 듣던 '새마을라테'도 진국이지만, '라테(나 때는 말이야)'는 뭐니 뭐니 해도 '군대라테'가 으뜸이 아닐까. 확인할 수 없는 엽기적인 무용담, 자기 자랑의 꼴불견, 말라비틀어진 오징어 뒷다리같이 짜고 이빨만 아팠던 볼품없는 안줏거리, '군대라테'가 초콜릿의 단맛처럼 갑자기 당긴다. 왤까? 소소한 일상을 포기한 채 코로나에 끌려다니는 거리두기에 지쳐서인가. 입과 코를 가리고 외톨이로 떠돌아야 하는 우울증에 시달려서인가. 내가 그토록 업신여기던 '군대라테'까지 그리워하다니. 쑥스러워도 코로나 블루를 극복할 수만 있다면 더운밥 찬밥 따질 겨를이 없다. 군대라테와 거리두기를 위반한 벌로 폭설이 내리는 대청봉을 알몸으로 기어 올라가는 얼차려를 받으라면 흔쾌히 따르겠다. 코로나가 막고 있는 답답한 숨길이 깔끔하게 열린다면 꽁꽁 얼어붙은 한강인들 뛰어들지 못할까?

'~라테'의 명석부터 깔아야겠다. 나는 '인제 가면 언제 오나 원통해서 못 살겠네'라는 탄식이 절로 나는 강원도의 오지, '인제 원통'의 산악부대에 배속되었다. 나는 기관총(LMG)을 다루는 주특기 교육을 받은 터라 두말할 나위 없이 LMG 탄약수가 되었다. LMG는 두 명의 병사가 한 조가 되어 꽁치같이 엮은 실탄을 연속사격하는, 혼자 들고 다니기가 힘에 벅찬 무거운 자동화기이다. 나는 전투화 밑창이 닳고 해져서 수십 번을 갈아야만 제대한다는 산악 오지의 수색부대에 배속되는 불운은 있었지만, 제대를 얼마 남겨두지 않은 노련한 LMG 선임 사수 김 병장을 만나는 행운도 누렸다. 밤마다 고향마을 청도의 사과 농장을 가꾼다는 김 병장은 백담사를 거쳐 대청봉을 종주하는 험난한 산악행군에서 내가 낙오할까 봐 무거운 배낭을 뺏어 메고 이끌어준 형님 같은 전우였다.

'~라테'의 무대는 산악행군이다. 산신령이 수채화 물감을 뿌리며 지나쳤는지 설악산은 오색단풍으로 몸치장을 하느라 수런거린다. 토끼 꼬리보다 짧은 설악의 가을 해가 산릉선을 비켜 넘는다. 이내가 깔린다. 멀고 가까운 첩첩 준령이 서가의 책처럼 서로 어깨를 비스듬히 맞대고 꿈자리를 채비한다. 김 병장과 나도 골바람이 훑치지 않는 싸리나무숲의 산등성이에 야영 자리를 잡는다. 야전삽으로 텐트 자리를 고른다. 우천을 대비하여 배수구를 파고, 행여 뱀이라도 기어들까 봐 화랑 담배를 까서 텐트 주변에 흩뿌린다. 배낭에서 반쪽짜리 텐트를 꺼낸다. 두 쪽을 연결하여 텐트를 친다. 이파리가 무성한 생싸리나무를 꺾어 등이 배기지 않도록 푹신하게 깐다. 그 위에 판초 우의를 덮어 맨땅에서 올라오는 한기와 습기를 막는다. 남은 한 장의 판초 우의는 텐트를 덧씌워 밤이슬을 막는다. 털이 빠져 반들거리는 낡은 담요를 접어 반쪽은 깔고 나머지 반쪽으로 몸을 덮는다. 2인용의 삼각 텐트는 두 사람의 건장한 병사가 전투복을 입은 채로 눕기에는 턱없이 비좁다.

김 병장이 어디서 땄는지 배낭에서 송이 두 개를 꺼낸다. 김 병장이 굵고 단단한 송이로 불끈거리는 남근을 흉내 낸다. 나는 발바닥에 잡힌 물집 때문에 파김치가 된 터라 김 병장의 우스개 손시늉이 달갑잖았지만, 졸병의 피로를 풀어주려는 선임자의 깜짝쇼에 반합 뚜껑으로 드럼을 치며 눈물을 훔친다.

김 병장이 텐트 바닥에 깐 싸리나무 잔가지를 꺾어 엉성한 바구니를 엮는다. 송이 하나를 바구니에 담아 텐트에 매단다. 남근 소품으로 사용한 송이를 찢어 나눠 먹는다. 송이 향이 가득한 야영 텐트에서, 송이 향이 물신 거리는 숨을 내뿜으며, 알싸한 향기가 진동하는 싸리꽃 요를 깔고, 행군에 지친 몸을 누인다. 나는 김 병장의 잠자리가 불편하지 않도록 모로 비켜 눕는다. 김 병장이 텐트의 덧문을 열어젖힌다. 하늘을 보고 누운 채로 텐트 밖으로 머리를 내밀어 보란다. 내가 누운 텐트가 과녁인 양, 별 화살이 예광탄처럼 쏟아진다. 풀벌레도 별똥에 놀라 울음을 그친다. LMG의 탄약수와 사수는 설악산의 정기精氣를 마시며 단잠에 빠진다.

기상나팔 소리가 텐트를 흔든다. 수십 명의 나팔수가 나팔을 부는 듯 가깝고 먼 산울림이 산천을 깨우며 우유빛 운무의 목화꽃을 피운다. 설악산이 운무에 잠겨 다도해가 된다. 내가 걸어왔던, 내가 넘어가야 할 수많은 산들이 간데없이 사라진다. 삼각 텐트는 요트가 되어 두둥실 떠간다.

그때, 1970년 가을, 송이 향기를 들이키며 깃털처럼 가볍게 꿀잠을 잤던 싸리나무숲의 하룻밤 야영을 잊지 못한다. 산악행군의 고통을 다독여준 '싸리꽃 라테', 내설악의 운무를 추억하며 코로나의 악몽을 떨치고 싶다. (2021)

원로 벚나무

봄이 왔다.

바다가 물안개를 내품어 하늘과 땅의 눈을 가렸다. 오륙도 등대는 황소울음의 무적霧笛을 길게 불어 길 잃은 봄바람을 뭍으로 이끌었다.

봄바람을 따라 꽃이 왔다.

연분홍의 벚꽃이 캠퍼스를 덮었다. 소담스럽게 핀 벚꽃을 연구실에서 바라보다가 문득 오사카대학에서 만난 벚나무가 떠올랐다.

십 오년 전이다. 오사카 대학에서 객원교수로 연구하고

있을 때다. 내 연구실은 실험장치가 있는 연구동의 2층에 있었으며, 책상은 아주 큰 유리창을 마주하고 있었다. 창밖에는 아름드리 벚나무가 여러 그루 있었다. 옻칠을 한 듯 반질반질한 흑갈색 제복을 입은 그 벚나무는 대학원 학생들이나 박사들이 연구하는 모습을 보며 살아서인지 먹물(?)이 들어 보였고, 배짱도 두둑해 보여 나는 그 벚나무를 원로 벚나무라고 불렀다.

내가 그 연구실에 도착한 첫 날부터, 내가 청하지 않았는데도 그 원로 벚나무는 내 곁에 서있었다. 내가 창밖을 보려하면 촘촘한 잔가지를 얼기설기 엮어 시야를 가렸다. 이곳저곳 기웃거리며 한눈팔지 말고 연구에 매진하라는 뜻으로 순하게 받아들였다.

그 원로 벚나무는 내가 아침부터 저녁까지 연구실을 들락거리며 하는 일을 지켜보았다. 어제는 어떤 논문을 읽었고, 오늘은 어떤 데이터를 정리하였는지, 심지어는 연구실로 배달시킨 점심 도시락(벤토)의 단무지 개수까지 빤히 알았다. 매일매일 내가 기록하는 연구노트까지 창문 너머로 보았을 터였기에 원로 벚나무에게 내가 숨길 수 있는 것은 아무것도 없었다.

그 원로 벚나무는 해가 뜨기 무섭게 눈을 부릅뜨고 창문을 뚜드리며 연구를 독려하다가도 밤새 전자현미경을 보느라 충혈된 눈으로 연구실로 돌아오는 날이면 측은한 눈빛으로 나를 바라보았다. 그런 날이면 원로 벚나무는 재잘거리는 새들도 내치고 진종일 아무 말 없이 내 눈길을 피했다.

세상일이 다 그러하듯이 연구도 마음먹은 대로 흘러가지 않는다. 벚나무 가지사이로 빼꼼히 보이는 캄캄한 밤하늘도 못 본척하며 파고들었는데, 사랑하는 가족과 떨어져 필마단기로 전력투구하였는데, 금맥은커녕 맥석脈石을 골라내느라 진이 빠져갔다. 하기야 자연의 비밀을 풀어내려는 침입자에게 그 열쇠를 쉽게 쥐어 줄 조물주가 어디 있겠는가?

연구일지의 빈칸이 늘어가는 만큼 창밖을 내다보는 횟수도 늘어갔다. 어느 날 갑자기 원로 벚나무는 송골송골 벚꽃 봉오리가 돋아나는 홍역을 앓았다. 연분홍 불꽃으로 원로 벚나무가 꽃구름을 피우던 날, 때 아닌 봄눈이 벚꽃을 하얗게 덮어버렸다. 벚꽃송이는 꽃무늬를 넣은 유리구슬같이 꽁꽁 얼어붙었다. 엄동을 참고 기다린 화려한 벚꽃잔치는 허망하게 무산되었다. 원로 벚나무는 벚꽃잔치에 달뜬 얼굴이 무안했던지 연구실 창가에 붙어 서서 그까짓 실험 서너 번 실패한 것 가지고 무슨 허탈에 빠져있느냐고 오히려 나를 훈계하고 나섰다.

그 원로 벚나무는 오사카로 떠나기 전 어머님이 나에게 당부한 말씀을 되뇌었다. "장날마다 팔리면 참깨농사 아니 지을 사람 어디 있겠냐? 이번 장날 못 팔면 다음 장날에는 팔리겠지 하고 살아야지. 팔고 싶은 마음은 내 마음이고, 오늘 이 장터에 참깨를 사고 싶은 사람이 오지 않았을 뿐이라고 생각해야지. 그런 걱정 저런 걱정 다하면 농사짓고 못 산다. 아들아, 건강하게 잘 다녀와라."

연구도 농사같이 내 마음으로만 되지 않는 경우가 허다하다. 요즘도 연구가 삐걱거리면 원로 벚나무를 생각하며 느슨해진 고삐를 조여 맨다.

용당 캠퍼스에 벚꽃비가 내린다. 오늘도 오사카대학의 그 원로 벚나무는 창가에 기대서서 책상에 펼쳐진 연구노트를 훑어보고 있을 것이다. 꽃이 피든지, 눈이 내리든지 아랑곳하지 않고 실험에 몰두하는 젊은 연구자에게 창밖에 핀 벚꽃을 보며 쉬어가라고 옷소매를 당기고 있을 것 같다.

어머님이 계신 그곳에도 벚꽃이 만발했으면 좋겠다.

(2012)

기대고 싶은 친구

주말 텃밭이라 제때 잡초를 매지 못하면 잡초와의 전쟁이 만만치 않다. 한낮의 무더위를 피해 제초 작전을 펼칠 요량으로 아침 일찍 예초기를 메고 감나무밭으로 갔다. 아직 해가 뜨지 않았는데도 어제의 지열이 남아서인지 감나무밭은 후끈거렸다. 게다가 가는 날이 장날이라고 먼동까지 붉게 타오르는 후텁지근한 날씨라서 순조로운 제초 작업은 기대하지 않았다. 일주일만 지나면 무릎 높이로 자라는 잡초인데, 찜통 날씨라고 마냥 미룰 수도 없었다. 제초 작전 날짜는 내가 정하지만, 날씨는 어찌해 볼 도리가 없다. 날씨는 삼라만상이 맞물린 퍼즐이라서 그날그날 순응하며 살아갈 수밖에 없다.

아침나절은 바람도 잘 통하지 않는 무더운 단감나무밭에서 잡초와 한판 힘겨루기를 했다. 해가 뜨고 날씨가 무더워질수록 예초기 엔진은 가쁜 숨을 내쉬었고, 잡초의 저항은 억셌다. 준비해간 생수도 바닥이 났다. 예초기 엔진도 식히고 땀도 식힐 겸 감나무 그늘에 주저앉았다. 높은 가지에 걸어 둔 수건으로 얼굴과 목의 땀을 닦고 윗옷의 단추를 풀어 바람을 쐬려는 순간, 따끔거리는 통증과 벌레가 스멀거리는 불쾌한 촉감이 목덜미와 겨드랑이, 등과 사타구니로 번져갔다. 화들짝 놀라서 옷을 벗어 던졌다. 수건을 걸어 두었던 감나무를 유심히 살펴봤다. 개미가 감나무의 높은 곳으로 이동하다가 수건에 숨어든 것이다. 아침부터 서둘렀던 제초 작전은 때아닌 개미의 습격으로 완패하였다.

비구름이 산등성을 타고 산꼭대기로 올라가면 날이 개고, 아침노을이 붉게 타면 무더위 찜통이 되고, 달무리가 지면 비가 올 징조이고, 개미가 나무를 타고 높은 곳으로 줄지어 이동하면 큰비가 온다는 어른들의 일기예보는 한 번도 틀린 일이 없다. 그래서 시골에 살아보면 하늘에 떠가는 구름 한 조각, 바람 한 줄기, 땅 위에 기어 다니는 개미 한 마리의 움직임도 허투루 보이지 않는다.

개미의 일기예보는 빗나가지 않았다. 개울물이 넘칠 만큼 큰비가 내렸다. 이번에는 비만 오기를 기다렸다는 듯이 죽순이 창을 들고 텃밭을 공격하였다. 잡초와 죽순을 제대로 토벌하지 못하고 오히려 녹초가 되어 집으로 철수하였다. 생수를 너무 많이 마신 탓에 식욕도 없고, 간단히 라면을 끓여 요기를 때울 요량으로 가스레인지를 켰다. '타닥타닥' 소리를 내며 힘겹게 붙은 가스 불꽃이 가물거리다가 훅하는 바람 소리를 내며 꺼져버렸다. 혹시나 하고 부엌 밖으로 나가 가스통을 흔들어 보니 역시나 가스통이 가벼웠다. 가스가 떨어진 것이다.

출근 시간에 쫓겨 마음은 급한데 자동차 배터리가 방전되어 시동이 걸리지 않을 때의 당혹감을 삭이며 가스통에 붙어있는 전단을 보고 전화를 걸었다. 귀에 익은 가스 배달 아줌마의 걸걸한 목소리가 들려왔다. 주소도 물어보지 않고 "예, 곧 갑니다."라며 씩씩하게 전화를 끊었다. 가스 아줌마는 한 번 들은 목소리는 어느 동네 누군지 귀신같이 알아보는, 자칭 가스 탐지기 같은 절대 음감을 타고났다고 소문이 자자한 터여서, 미심쩍었지만 가스 배달을 기다리기로 했다.

오랜만에 라면 한 번 먹어 보려는데 하필이면 가스가 떨어지다니. 가스 아줌마가 말한 "곧 갑니다."의 '곧'이 우리 집 벽시계의 한 시간보다 긴 시간인 줄 미처 몰랐다. 꿩 아니면 닭이라고 짜장면이라도 배달시키지 못한 아둔함을 자책하며 냉수라도 한 사발 들이켜려는 찰나, 가스 아줌마가 낡은 트럭을 덜컹거리며 나타났다.

단 일 분이라도 빨리 빈 가스통을 바꿀 마음에 대문을 활짝 열어 두고 기다렸는데, 가스 아줌마는 가스통을 내릴 생각은 하지 않고 다짜고짜 "잘렸나♬ 보네요♪"라고 생뚱맞은 랩 리듬으로 인사를 했다. 인사말이 어색하였지만, 단골을 맺은 지도 십 년 세월이 흘렀고 농담도 주고받는 처지라서, 나는 큰대자로 양팔 양다리를 벌려 보이며 "사지가 멀쩡한데 잘리기는 뭐가 잘려요. 발가벗어 볼까요."라고 맞장구를 쳐주었다. "안 봐도 비디오네요. 작년에는 가스 한 통으로 버텼는데, 올해는 여섯 달도 되기 전에 가스가 다 없어진 걸 보면 무슨 변고가 생겼나 보네요."

"변고라니요. 천만의 말씀. 고향의 흙내음과 물 내음이 그리워서 달려왔지요. 몇 해 전, 나라에서 지우개 하나를 주더라고요. 이제 흑판을 말끔히 닦을 때가 됐다고. 사실

젊은이들의 꿈을 찾아주느라 정신이 팔려 정작 내가 내려야 할 종착역의 시간표도 잊고 살았거든요. 연어도 때가 되면 넓은 바다에서 고향으로 회귀하듯이, 나도 분필을 내려놓자마자 내가 세상 밖에서 마음껏 헤엄치며 살 수 있도록 키워준 낙동강으로 돌아왔지요. 이제 마음 놓고 라면을 실컷 끓여 먹게 되었네요. 가스 배달 고맙습니데이♪."라고 무대인사를 흉내 내며 가스 아줌마의 궁금증을 풀어주었다.

"가스 주문이 잦을수록 나야 횡재지만, 가스 주문이 뜸해도 가슴이 철렁합니다. 혼자 사는 노인들에게 밤새 안녕하지 못한 일이 너무 흔해서 큰일이지요. 방금도 선생님 전화를 받고 급하게 달려오다가 앞을 잘 못 보는 할머니가 집 앞에 혼자 나와 앉았기에 손등 쓰다듬어 드리고, 굽은 등도 좀 문질러 드린다고 눈곱만큼 늦었습니다. 미안합니데이♪. 내가 누굽니까. 가스통만 메고 다니는 이름 없는 백성이지만, 이래도 읍내의 생로병사와 길흉화복을 광속도로 전달하는 까치 같은 정보통이지요. 읍장 노릇 제대로 하려면 가스 아줌마 전화번호부터 얻으라는 헛소문도 나돈다네요. 가스 배달 30년에 별 희한한 일도 다 생기데요. 선생님 같은 집만 있으면 가스 장사들 다 굶어

죽습니다. 일 년에 두 병이라니 너무합니다. 나이 들수록 잘 챙겨 드셔야지요. 닭백숙이나 사골곰탕도 끓이시고, 약탕이라도 다리면 가스가 팍팍 나갈 텐데, 선생님은 ♪ 맹물만 마시는 건 아니겠지요♪"라고 목청을 뽑았다.

음식을 하다가 가스가 갑자기 떨어지면 난감하다. 그럴 때 쏜살같이 달려와서 가스통을 바꿔주는 가스 아줌마는 나락 논에 제비나 진배없다. 가스의 충전 무게가 20kg이고, 가스통 무게까지 모두 합치면 여자 힘으로 다루기가 버거운 직업이다. 가스 트럭에 작은 기중기라도 설치하면 가스통을 싣고 내리기가 수월할 텐데, 무거운 가스통을 요리조리 돌려가며 옮기는 모습을 볼 때마다 애잔하다.

집 뒤란으로 가스통을 옮겨가며 가스 아줌마가 농담을 던졌다. "내가 가스통을 바꾸고 간 뒤에 텃밭 고추가 모두 다 터져버려도 날 원망하지는 마세요. 저놈들이 나를 여자로 보는지 아닌지는 내일 아침이면 들통날 것이니까요. 저기 저놈 좀 보소. 무거운 가스통을 옮기는 일을 도와주지 못할 바에야 얌전하게 땅만 쳐다보고 있어야 할 놈들이 왜 고개를 쳐들고 움실대는지 눈치가 없어요." 가스 아줌마가 바람에 일렁이는 풋고추를 손가락으로 튕기며 "선생님이 가꾸는 고추는 숙맥인지 염치가 없는지 속내를 숨기지 못하네요. 가스통을 똥배로 밀고 가는 요염한 내 모습을 보고 심장박동기가 고장이 난 사람도 숱하답니다. 믿거나 말거나요." 가스 아줌마는 제비가 집을 짓듯 농담도 찰지게 잘도 찍어 붙였다. 하루에도 수십 번 무거운 가스통을 트럭에서 싣고 내리고, 가스 호스를 풀고 연결하고, 가스가 새는 곳이 없는지 비눗물로 꼼꼼히 점검하는 힘든 일을 쉼 없이 해 내려면 짬짬이 하는 농담도 보양이 될성싶어 개의치 않았다.

느티나무 정자에서 더위를 피해 심심풀이로 화투 놀이를 하는 귀 어두운 할머니들도 다 들리도록 가스 아줌마가 소리를 질렀다. "나보다 행복한 사람 있으면 손 한 번 흔들어 보소. 텃밭에 고추도 나만 보면 춤을 추지요. 푸짐한 내 뱃살에 안기기만 하면 고분고분 말 잘 듣는 서방님 있지요. 가스통이 무겁긴 해도 한 번 안고 뒹굴 때마다 돈이 굴러오지요. 가스 주문 전화 때문에 세상 탓 조상 탓하는 잡생각이 없어서 좋고요. 신세타령 해 봤자 내 눈물만 짜지요. 고스톱에는 피박이 있어야 흑싸리 쭉정이도 대접받고요. 피박 썼다고 너무 상심하지 마이소. 쓰리고 불렀다고 화투친구 기죽이지 마이소. 한 시간이라도 가스 배달에서 해방되면 나도 한 다리 끼어 볼 텐데. 아이고 아쉽고 부럽고 욕이 나오려고 하네요."

가스 아줌마가 백미러를 보며 흐트러진 머리칼을 손가락으로 다듬으며 어깨와 턱 사이에 휴대전화를 끼우고 전화를 받았다. 가스 배달이 늦었다고 날벼락 치는 할머니의 고함이 들렸다. 가스 아줌마가 친딸이라 해도 심하다 싶을 정도로 욕하며 가스 배달을 다그쳤다. 가스 아줌마가 운전석에 올라타서 겉표지가 너덜거리는 책을 꺼냈다. 두 손을 맞잡고 고개를 숙였다가 아무렇게나 펴서 무언가를 되뇌며 숨을 골랐다. 입 모양으로 봐서 '삶이 그대를 속일지라도 슬퍼하거나 노여워…'로 시작되는 그런 시를 읊는 것도 아니고, '색즉시공공즉시색…'의 반야심경을 암송하는 것도 아닌 것 같았다.

"할머니가 갈 때가 됐나. 왜 저리도 서두르는지 모를 일이네?"라고 혼잣말을 하다가 할 말이 남았는지 차창 유리를 내리고 얼굴을 내밀었다. "내 가스는 정상 판매가의 두 배는 받아야 하는데, 언젠가는 제값 받을 날이 오겠지요. 내가 배달하는 가스통에는 인류문명의 씨앗인 불씨 값만 들어있는 것이 아니고, 성미 급한 손님들의 욕받이 값도 있고, 아들딸 손자 자랑, 고된 시집살이의 애환을 들어주는 맞장구 손뼉값도 들어있고, 사람 소리 듣고 싶은 어른들의 말동무 값도 들어있지요. 나도 사람이라 주고받는 말씨가 거칠면 가스 배달을 그만두고 싶은 섭섭할 때가 왜 없겠습니꺼."

가스 아줌마가 재활용센터에서 공짜로 얻은 당나귀 인형을 토닥이며 전화를 걸었다. "할매, 내다. 집 앞에 다 왔다. 북망산천 갈 팔십 년도 기다렸는데, 가스통 배달꾼 한 시간은 왜 그리 다그쳐 쌌노. 숨 넘어갈라. 한 끼 굶는다고 안 죽는다. 아침에 죽어도 오늘 제삿밥 먹고, 저녁에 죽어도 오늘 제삿밥이다. 할매 친구야, 내 가고 있다. 지금."

콜로라도의 CSM 대학교에서 본 '기대고 싶은 친구(A friend to lean on)'라는 당나귀 동상이 생각난다. 미국 서부의 골드러시에 휩쓸려 온 이민자들의 고단한 삶이 묻어나는 조각작품이다. 당나귀는 곡괭이와 사금을 고르는 대야와 수은 통과 물통을 실은 채로 고단한 몸을 서로 기대고 있었다. 가스 배달 독촉이 아무리 빗발쳐도 일부러 트럭을 세우고 할머니의 손을 잡아주고, 안부를 물어보고, 친구라 부르며 포옹하는 가스 아줌마가 어쩌면 가파른 바윗길을 오르내리는 당나귀보다 더 지치고 힘들지 않을까.

전화기가 연거푸 울렸다. "예, 곧 갑니다."라고 소리치며 폴더폰의 뚜껑을 닫았다. 목소리로 누군지 알아차린

모양이다. 당나귀 인형을 조수석에 앉혀두고 심호흡하며 트럭의 시동을 걸었다.

"오늘 새로 갈아 넣는 가스통이 빌 때까지만이라도 저 어른이 아프지 않고 잘 먹고 잘살다 가면 얼마나 좋을꼬."라고 혼잣말하면서. (2019)

2부

어머니의 텃밭

턴 투워드 부산

포플러의 노란 단풍잎이 캠퍼스의 빈 벤치에 사뿐히 내려앉는다. 콜로라도의 덴버는 해발 1600m 이상의 고지대라서 눈 깜짝할 새 자칫하면 가을 정취를 놓치기 일쑤다. 로키산맥을 활강하는 가을바람이 오색 물감을 뿌리며 단풍 그라피티를 창작하는 솜씨를 망보려고 연구실을 나섰다. 한참 동안 구불구불한 계곡 길을 오르다가 안개구름이 뭉실뭉실 떠 있는 호숫가 빈터에 차를 세웠다. 차에서 내려 상쾌한 산바람을 들이키며 기지개를 켜려는 순간, 소슬바람이 산릉선을 타고 와서 안개를 몰아갔고, 안개가 걷힌 텅 빈 호숫가에서 낚시하는 한 남자가 보였다. 그는 허공에다 낚싯대를 앞뒤로 휘둘러 낚싯줄을 던졌다가 되감기를 반복했다. 낚싯줄이 상모춤을 추는 산기슭 호수의 풍광은 너무나 호젓하였고, 나는 먼발치에서 헛기침으로 인기척을 내며 그에게 인사를 했다. 그는 낚싯줄을 되감으며 나에게 호숫가로 내려오라는 손짓을 했다. 그는 서글서글하게 웃으며 초면의 길손에게 악수를 청하였다. 나는 한국의 부산에서 왔으며, 콜로라도 스쿨 오브 마인스의 방문연구자라고 소개했다. 그는 물고기와 곤충을 본떠 만든 루어가 달린 조끼를 입고 있었고, 왼쪽 가슴에는 태극기와 성조기가 새겨진 '한국전쟁 참전용사 배지(KOREAN WAR VETERAN)'를 달고 있었다.

아하! 황금 노다지 마을이라고 이름을 날린 골든 시티의 광산대학교에 오셨다고요. 지금도 그 대학교의 광물 박물관은 입소문이 자자하지요. 이 호수는 해발 2600m 정도로 꽤 높지만, 이곳 사람들은 그저 평지에 있는 작은 물웅덩이라 여긴답니다. 해발 4000m보다 더 높은 저쪽 큰 산을 넘어가면 로키 마운틴 국립공원이 있고, 세계적 톱스타들의 유명한 별장마을, 애스펀도 나옵니다. 가을에는 은사시나무의 노란 단풍이 나비가 되어 팔랑거리고, 겨울에는 스키장이 북새통을 이룹니다. 초행길이라면 고산병에 조심해야 합니다.

내가 낚시하고 있으면 엘크와 버펄로가 가끔 새끼를 몰고 와서 목을 축인답니다. 나를 키워 준 할아버지가 나귀를 끌고 금광으로 떠날 때도 이 호수에 온 식구가 모여 행운을 빌며 환송하였지요. 요즘도 할아버지가 그리울 때면 이 호수에 손을 담그고 할아버지의 얼굴을 더듬어 봅니다. 이 호수에는 할아버지와 함께했던 둘만의 소소한 이야기들이 고스란히 녹아 있지요. 어쩌다가 흑백 영화 같은 아련한 추억이 낚시에 걸려오면 그리움의 망태에 담아 가슴에 품고 가지요.

할아버지는 미늘이 없는 낚싯바늘로 물고기를 잡았고, 물고기를 세심하게 살펴보며 크기를 재고 무게를 달고나면 호수로 되돌려 보냈지요. 호수로 되살려 보낼 물고기를 왜 잡는지 도무지 이해가 되지 않았고, 물고기를 구워 먹지 못하는 서운함에 삐치기도 했답니다. 더운 바람이 로키산맥을 넘어오는 날이면, 덤불이 웃자란 후미진 곳으로 숨어들어 할아버지와 함께 발가벗고 물장구도 쳤답니다. 할아버지는 물고기와 수초들, 곤충들과 날벌레처럼 더불어 살아가는 겸손을 본받으라고 하셨지요. 할아버지는 한국전쟁에서 산화한 아들의 늠름한 모습을 끝내 모자이크하지 못한 채 눈을 감았지요.

저 아래 보이는 마을은 덴버에서 40마일 정도 떨어진 로키산맥의 골짜기, 나의 고향 블랙호크입니다. 1850년대부터 골드러시로 흥청거렸던 금광 마을이지요. 오래전에 폐광 마을이 되었고, 주민들의 생업을 위하여 카지노가 허가되었지요. 한국의 정선 탄광 마을이 이곳의 카지노를 벤치마킹했다는 소문도 들었습니다.

할아버지는 내가 낚시터에서 덤벙대면 "그러다가 낚싯줄이 구름에 걸려 엉키겠다"라며 조용히 손을 저었고, 이 호수를 짝사랑한 속마음도 틈틈이 들려주었지요.

"플라이 낚시는 이 호수를 가슴에 품고 싶은 눈속임이었단다. 물고기 몰래 호수만 슬쩍 낚아 올리는 꿈도 꾸었지. 수영복을 벗은 물고기가 두 눈을 감고 헛웃음을 삼키며 파닥거리더라고. 호수는 가슴으로 낚아야지 알량한 루어로는 어림없는 짓이었어. 계절마다 달라지는 호수의 색조로 조끼를 지어 입었지. 그랬더니 물새도 잠자리도 내 곁을 맴돌며 친구가 되더라고. 물새의 작은 울음소리도 소홀히 듣지 말아야 한다. 어미를 잃어버렸는지, 배가 고파서 우는지 귀담아들어야 한다. 물 위에 날아다니는 잠자리와 물속 곤충들을 보살피거라. 그들이 활발하게 놀지 못하면 호수가 탈이 난 게다. 나는 뭇 생명을 보듬고도 나의 넋두리를 묵묵히 들어 주며 눈물을 닦아주던 든든한 친구가 있어서 행복했단다. 너도 이 호수와 친구로 살았으면 좋겠다."

이 호수는 할아버지가 외로움을 치유하는 안식처였답니다. 이 노트는 할아버지가 나에게 선물한 '호수일기'랍니다. 호수에 사는 곤충들과 벌레들, 낚시로 잡은 물고기의 모양과 크기를 꼼꼼하게 그려놓았지요. 나도 물고기가 깜빡 속을 정도로 정교하게 루어를 만들려고 노력한답니다. 그러려면 호수에 사는 벌레와 곤충들을 눈여겨 살피며 더불어 살아야겠지요.

아 참, 고향이 부산이라고 했나요. 평화의 상징, 세계에서 유일하게 유엔 묘지가 있는 자랑스러운 도시지요. 나는 '턴 투워드 부산(Turn Toward Busan)*', 매년 11월 11일 11시에 1분간 부산의 유엔기념공원을 향해 묵념한답니다. 그곳에 아버지가 계시거든요. 젊은 날 한국으로 가신 아버지는 내가 팔순 노인이 되었는데도, 아들이 보고 싶지도 않은가 봐요. 은하수로 엮은 보석 목도리로 멋을 부린 부산항의 야경에 반했나 봅니다.

그 노신사는 빛바랜 호수일기를 천천히 넘기며 물고기와 곤충들과 수초들, 덤불에 둥지를 틀고 사는 물새들, 호수를 에워싸고 있는 들꽃과 수목들의 이름을 읊조렸다. 노신사의 할아버지는 한국전쟁에서 전사한 아들이 그리울 때마다, 아버지의 얼굴이 가물거리는 노신사는 '아버지'를 불러보고 싶을 때마다, 낚시를 핑계 삼아서 이 호수에 나와 의좋게 살아가는 호수 식구들의 이름을 하나하나 부르며 외로움을 달랬을 것이다.

워싱턴의 한국전쟁 추모공원에서 본 '자유는 공짜가 아니다.'라는 비문**이 뇌리를 스친다. 한국전쟁의 상흔은 70년이 지난 지금도 아물지 않고 있다. 부산의 유엔 묘지를 뒤덮는 장미꽃은 무엇을 갈망하길래 저토록 해마다 붉

---

* 턴 투워드 부산(Turn Toward Busan)
대한민국 부산에는 세계 유일의 유엔군 묘지, '부산 유엔 기념 공원'이 있다. 유엔군은 한국전쟁(1950.6.25.~1953.7.27.)에 21개국 175만 명이 참전하여 4만 896명이 전사하였다. 부산 유엔 기념 공원의 묘지에는 2300명이 안장되어 있다. '턴 투워드 부산, 유엔 참전용사 국제추모식 행사'는 6·25전쟁에 참여했던 캐나다의 빈스 커트니 씨가 2007년에 유엔군의 희생을 기리고자 제안하였다. 21개 유엔참전국과 함께하는'턴 투워드 부산'의 표어는 'Moment to Be One, Turn Toward Busan'이다. 11월 11일 11시에 1분간 부산을 향해 추모한다는 숫자 1(One)에는 자유와 평화를 수호하기 위해 용감히 싸운 유엔 참전용사들의 희생과 헌신에 대한 감사의 마음은 국경을 초월해 하나(One)라는 뜻이 담겨있다.

게 다투어 피는가. 끝나지 않은 전쟁, 잊혀가는 전쟁의 참전용사 배지를 달고 블랙호크의 외딴 호수에서 '턴 투워드 부산'의 유엔 국제추모식을 잊지 않을 거라고 했던 노신사, 아버지를 그리며 미늘이 없는 플라이 낚시로 호수를 낚고 있을 노신사, 인터넷에서 배웠다며 '아리랑♪ 아라리요♬ 아리랑 고개를 넘어간다♪♬'를 흥얼거리던 참전용사의 외아들, 그 노신사의 안부가 궁금하다. (2021)

** 워싱턴 한국전쟁 참전용사 기념비의 비문
'FREEDOM IS NOT FREE. OUR NATION HONORS HER SONS AND DAUGHTERS WHO ANSWERED THE CALL TO DEFEND A COUNTRY THEY NEVER KNEW AND A PEOPLE THEY NEVER MET.'

미카

오랫동안 보지 못한 고등학교 동기가 인터넷 연하엽서를 보내왔다. 친구의 얼굴이 얼른 떠오르지 않아 졸업앨범을 펼쳤다. 출석부 순서로 나열되어 있는 타원형 흑백사진에서 '아! 그 친구, 맘보바지!'를 단숨에 알아봤다.

앨범을 넘기다가 학창생활의 이모저모라고 쓴 사진에 눈길이 멈췄다. 풋내기 육체미반 친구들이 아랫배 바람을 빼고 가슴을 부풀리느라 객기客氣를 부리고 있었다. 그 때나 지금이나 식스 팩이니 초콜릿 복근이니 하는 몸짱 열망은 여전했나 보다.

책가방을 옆구리에 끼고, 모자챙을 비뚤게 쓴 건방진 모습의 기차통학생 사진도 눈에 띄었다. 엉성한 폼으로 무리에 끼어있는 나를 보고 흠칫했지만, 그 보다 더 놀란 일은 내 삶의 발길을 이끌어 준 친구, 목소리만 듣고도 텁석 안기고 싶은 친구가 등 뒤에 버티고 있었다. '미카'* 였다. 반들반들한 새카만 피부와 외눈박이의 둥근 얼굴, 육중한 체구는 변함이 없었다.

나는 기차소리를 듣고 자랐다. 새벽 첫차의 기적소리는 어머님이 아침밥 짓는 때를 알려주고, 두 번째 미카가 지나가면 누나가 학교에 간다. 해거름에 지나가는 미카는 타작마당에 모여 놀던 친구들이 저녁을 먹으러 뿔뿔이 흩어지는 시간이고, 늦은 밤의 막차소리에 방문이 떨리면 호롱불을 끄고 잠자리에 들었다.

놀이에 혼이 빠져있다가도 철교를 넘어오는 미카 소리가 나면 대문을 뛰쳐나가 손을 흔들며 반겼다. 내 또래의 아이가 탄 기차를 보는 날이면 손짓 몸짓으로 감자를 먹이는 욕도 퍼붓고, 애매한 염소 엉덩이에 발차기하고, 깜깜한 저녁이 될 때까지 당산나무에 숨어 누나가 온 동네

* '미카'는 '마카도(Mikado)'의 준말이며, 미국산 증기기관차의 이름이다.

를 찾아 헤매도록 심통을 부렸다. 그렇게 울화통이 치밀었던 이유를 딱히 꼬집어 내자면 미카를 타지 못하는 분풀이였을 게다.

이른 새벽, 미카는 하얀 수증기를 품어내며 시골역 플랫폼으로 얌전히 다가왔다. 나를 태우러 온 것이다. 미카는 금빛 단추가 달린 양달령 검정색 교복을 입은 시골뜨기를 반겨 태웠다.

그 날 그 새벽, 미카는 나를 바깥세상으로 이끌었다. 미카는 삼단 같은 연기를 내품으며 경쾌하게 달렸다. 차창에 스쳐가는 전깃줄이 출렁이며 춤을 췄다. 터널을 지날 때 창틈으로 새어드는 메케한 석탄연기조차 싱그러웠다. 풀 먹인 흰색칼라가 유난히 돋보이는 여학생이 맞은편 차창에 비쳤다. 손수건으로 코를 가린 채 책장을 넘기는 옆모습이 반하도록 예뻤다. 턱수염이 거뭇거뭇한 덩치 큰 선배들은 무릎에 놓인 책가방에 엎드려 졸고 있었다. 채소를 팔러가는 아주머니들은 자잘한 일상을 다투어 이야기하느라 분잡하였지만, 미카는 아랑곳하지 않고 묵묵히 부산으로 달렸다.

미카와 사귀는데 긴 시간이 걸리지 않았다. 털거덩거리는 바퀴소리의 높낮이와 리듬만 들어도 미카가 지나고 있는 곳이 물금勿禁인지 구포龜浦인지 알아차렸다. 엄마 뱃속에서부터 들어 온 귀에 익은 미카의 기적소리 덕분도 있었겠지만, 타작마당에서 손을 흔들며 미카를 타고 싶어 했던 어린 시절의 열망이 더 큰 몫을 했으리라 생각된다.

미카는 매화향이 짙게 깔린 초봄의 원동역을 지나고, 밀짚 태우는 냄새가 구수한 한여름의 물금 들판을 가로질러, 기적소리에 놀란 청둥오리 떼가 하늘을 뒤덮는 엄동의 낙동강을 끼고 달렸다. 계절마다 바뀌는 차창풍경은 디지털 그림액자가 되어 미카를 따라 다녔다.

미카는 여름 겨울 가리지 않고, 단 한 번도 게으름을 피우지 않았다. 큰물이 져서 기찻길이 물에 잠긴 날에도 거르지 않고 나를 태우러 왔다. 어쩌다가 서면 북성극장에서 영화에 빠져 기차시간을 놓친 날, 허겁지겁 달려와 큰 소리로 불러도 뒤도 보지 않고 가버리는 매몰찬 친구였다. 기차를 타려면 먼저 와서 기다리라는 본때를 보였다. '모든 일에는 때가 있고, 세월은 준비된 사람만을 기다린다.'고 훈육한 것이리라.

미카가 이끄는 통학열차는 달리는 공부방이었다. 낙동강역에서 범일역까지 아침저녁으로 오갈 때마다 어둑한 백열전구 불빛으로 길들여진 책 읽기는 백 시간, 천 시간으로 불어나서 내 삶을 밝혀주는 에너지의 우물이 되었다.

미카의 기찻길은 내 삶의 탯줄이었다. 부산으로 서울로, 세계 이곳저곳으로 끝없이 이어져가는 기찻길을 따라 가며 사람 사는 세상을 보고, 듣고, 배우고, 깨달았다.

낙동강역 플랫폼에 서서 미카가 달려오던 철교를 바라본다. 해오름의 서광을 뚫고 달려오는 미카의 환영幻影을 본다. 철거덩거리는 쇠바퀴소리의 환청幻聽이 심장을 친다. 낙동강의 물길이 큰 원을 그리며 안으로 구부려지고 밖으로 펴지기를 거듭하는 긴 세월이 흘렀는데도, 미카를 기다리며 가슴 설레던 그 첫새벽의 흥분은 가시지 않는다. (2012)

해월정에서 기다릴게

눈앞이 캄캄한 일이 터졌다.

새천년을 코앞에 두고 경제 불황의 직격탄을 맞았다. 1997년 12월, 나라 경제가 벼랑 끝에 내몰렸다. 모두 귀를 의심했다. 회사나 개인이 돈을 갚지 못하면 파산한다는 말은 들어봤지만, 국가가 부도 위기라니 어처구니가 없었다. 빌린 달러를 갚을 돈이 바닥나서 일이 커졌단다. 그 많은 달러를 누가 빌려왔는지, 어디에 썼는지, 왜 제때 갚지 못할 지경으로 외환 금고가 바닥이 났는지, 매스컴은 귀청이 따갑도록 떠들었다. 태국에서 터진 외환위기

불똥이 아시아의 싱가포르, 홍콩, 대만, 인도네시아, 필리핀으로 옮겨붙어 사단이 되었단다. 우리나라도 외국돈을 무리하게 빌려 투자한 것이 경제 파탄을 부채질하는 꼴이 되었단다. 여기저기서 경제 '경'자를 '갱'으로 말하는 '경제관료'들의 늑장 대응 때문이라는 질책도 빗발쳤다.

급기야 800원 하던 달러 환율이 1900원대로 급락했다. 외국자본은 단맛이 없어진 한국 시장에서 손을 털고 서둘러 떠났다. 주식은 휴지가 되었다. 혼비백산하여 국제통화기금(IMF)에 손을 내밀었다. 바닥난 외환 금고는 일파만파의 쓰나미로 돌변하여 온 나라를 아비규환으로 몰아갔다. 수출이 막혔다. 돈줄도 막혔다. 자금에 쪼들린 알짜기업들이 파산하고, 제값도 못 받고 외국에 팔려갔다. 공장은 문을 닫았다. 근로자는 길고양이 신세가 되었다. 한강으로 나간 기업주가 실종됐다는 소문도 돌았다. 한 줄에 2000원 하던 김밥이 1000원에도 팔리지 않았다. 내남없이 화가 치밀었다. 애꿎은 소주만 동이 났다.

'생계형'이라는 신조어가 난무했다. 생계형 노숙자, 생계형 노래방 도우미, 생계형 좀도둑도 생겼다. 전깃줄도 잘라가고, 농작물도 훔쳐 갔다. 민심은 흉흉했고 밤길이 두려웠다. 고용불안을 빗대어 45세 정년이라는 '사오정',

56세까지 일하면 도둑놈이라는 '오륙도'란 우스갯말도 생겼다. 나만 잘 먹고 잘살면 장땡이라는 이기심이 팽배했다. 1997 번호판을 단 승용차가 '묻지마 방화'로 전소되었다. 가정 파탄이 속출하고, 오순도순 모여 먹는 따듯한 저녁 밥상이 사라져갔다.

분했다. 한국 동란의 잿더미를 걷어내느라 맨발로 뛴 세월이 억울했다. 파독 광부와 간호사의 품삯을 담보한 차관으로 산업의 터전을 세우고, 월남전에 참전한 아들딸의 몸값을 아끼고 쪼개서 고속도로를 내고 중화학공업의 기틀을 세운 세월이 원통했다. 베이비붐 세대들은 밥줄이 끊어질까 봐 아내의 출산조차 지켜주지 못하고, 밤늦게까지 잔업을 하고 일요일도 쉼 없이 일했다. 토요일의 '반공일'은 언감생심이고, 셋째 주 일요일 한 번만 '온공일'로 쉬며 '일월화수목금토'의 달력을 '월월화수목금금'으로 살아온 세월이 허탈했다. 한 주의 마지막 날은 토요일인데 왜 금요일을 주말이라 부르는지 내가 알 바 아닌 척하며 살아온 나날이 허망했다.

호랑이에 물려가도 정신만 차리면 산다고 했던가. 국란을 만나면 더욱 강해지는 민초들의 DNA가 작동했다. 침몰 직전의 대한민국은 정신을 놓지 않았다. 비바람에 휘청거리는 돛대에 태극기를 게양하고, 허물어진 자존심을 추스르는 엄청난 기적이 일어났다. 낡은 무명수건을 쓴 백발 할머니는 나라가 빚을 지면 나라를 빼앗긴다며 가락지를 내밀었다. 돈을 빌려주고 조바심을 태우며 지켜보던 우방들이 대한민국의 재기를 확신했다. 대한민국의 뚝심에 힘을 보태었다. 혹독한 외환위기를 극복하면서 기업의 체질과 금융기관의 투명성과 국가경쟁력을 다지는 귀중한 교훈은 얻었지만, 이십 년의 세월이 흐른 지금도 외환위기의 깊은 상처로 고통받는 이웃이 있어 애잔하다. 아파트 거실의 하얀 벽면에 활짝 웃는 가족사진을 걸고, 집들이 삼겹살 파티를 했던 그때, 1990년대가 가끔 그립다. 감기조차 사치스러웠던 그때의 나를 거울에 마주하고 악수를 청한다.

"오늘 오륙도가 석양빛에 잠길 무렵 해운대 달맞이 고개 해월정海月亭에서 기다릴게"

"청사포 등대가 내려다보이는 멋진 카페에서 와인 한 잔낼게"

"듣고 싶은 색소폰 연주도 신청할게"

"최백호의 '낭만에 대하여'가 어떨까?"

"안치환의 '인생은 나에게 술 한 잔 사주지 않았다'가 연주되면 목청껏 박수치며 노래하세나”

“약속할게. 네가 처음에 온 그곳으로 자유롭게 돌아갈 편안한 날, 꼭 챙겨주겠다고” (2016)

신기루의 섬, 대마도

대마도對馬島의 시라타케산白嶽으로 등산을 갔다.

대마도는 부산에서 뱃길로 50km 남짓한 지척에 있다. 대마도는 아지랑이가 피는 봄날이면 손에 잡힐 정도로 가깝게 다가오는 신기루 같은 국경의 섬이다. 국제여객부두에서 출발하는 고속 여객선을 타고 대마도의 이즈하라항에 내렸다. 이즈하라항에서 관광버스를 타고 '벤또(도시락)'를 먹으며 1시 30분경 시라타케산 등산로 입구에 도착하였다. 바람 한 점 없는 무더운 날씨 속에 삼나무가 울창한 능선을 따라 해발 556m의 시라타케산 등산이 시작되었다. 돌로 깎아 만든 신사문神社門을 거쳐 정상으로 가는 길목은 매우 가팔랐다. 정상에 올라 기념 촬영을 하고 반대편 하산길 주차장에 도착한 시간은 오후 4시경이었다.

주차장 모퉁이에 있는 등산 안내판을 보며 발걸음이 느린 일행을 기다렸다. 안내판에 그려져 있는 대문 모양의 낯선 상형기호가 눈에 띄었다. 그 기호는 일본 사람들이 신성하게 여기는 '이시노 토리이(새가 사는 곳, 石の鳥居)'라고 부르는 신사의 표지였고, 새는 그려져 있지 않았다.

신사는 우리나라의 솟대와 같은 것이라고 가이드가 말했다. 우랄 알타이계의 풍습에서 유래된 솟대가 한반도를 거쳐 섬나라 일본으로 전래하면서 솟대는 대문 모양으로 변형되었고, 기러기는 없어졌다고 하였다. 그러나 일본은 지금도 기러기가 없는 대문 모양의 신사를 새가 사는 곳이라고 부른단다.

대마도는 두 마리의 말이 서로 맞대고 있는 형상을 하고 있어 대마도라는 이름이 붙여졌다는 이야기와 한반도에서 이주해간 백제 사람들이 고향인 백제의 마한馬韓을 바라보는 섬이라고 해서 대마도라고 불렀다는 이야기가 아주 옛날부터 전해지고 있단다. 일본은 대마도를 '쓰시마TSUSHIMA'로 부른다. '대마對馬'라는 한자가 일본어의 음독

또는 훈독으로 '쓰'로 발음되지 않는단다. 그렇다면 대마도가 쓰시마로 불리는 연유는 무엇일까? 대마도는 두 개의 큰 섬으로 이루어진 섬이다. '두 섬'에서 '쓰시마'의 어원을 유추할 수 있단다. 우리말 '두'는 일본식으로 '쯔TSU'라고 발음하고, '섬島'은 일본어의 '시마'로 발음하여 '쓰시마TSUSHIMA'가 된 것이란다. 대마도가 일본말 '쓰시마'가 된 것은 서로 자유롭게 왕래하며 평화롭게 어울려 살려는 우리 조상과 일본인들의 지혜로운 화해 작명법이었는지도 모른다.

미더덕, 미숫가루, 미나리, 미역, 미꾸라지, 미음 등의 단어들은 물과 깊은 관계가 있다. 나는 언어학자는 아니지만, 우리말에서 '물'을 뜻하는 접두사 '미'가 일본어에서 사용되는 것을 보고 깜짝 놀랐다.

일본어의 '미즈'는 우리말의 '물(水)'이다. 동아시아 대륙의 끝인 한반도와 태평양의 변두리인 일본은 지척에 근접해있어 아득한 옛날부터 왕래가 빈번하였을 것이다. 일본은 우리 조상으로부터 '물'을 나타내는 접두사 '미'를 빌려 간 것이 틀림없다. 언어는 한쪽의 문화가 다른 쪽으로 유입된 흔적을 가늠하는 중요한 추적자追跡子이기 때문이다. 혹시나 그 옛날 천년만 쓰고 돌려주기로 약정하였는데, 억만년이 지난 지금까지도 마땅한 말을 찾지 못해 어물거리는지도 모른다.

언어와 풍습이 서로 다른 국가와 민족이 얼굴을 맞대고 이웃하여 평화롭게 살려면 상대방의 문화와 풍습을 이해하고 역사적인 사실을 존중하여야 한다. 우리는 이 땅에 사는 모든 생물의 안녕을 비는 '솟대 풍습'을 일본에 전해주었다. 이웃을 귀하게 여겨 '미'도 빌려주고, '쯔'도 양보했다. 대마도를 '두(쯔 STU)' 부분과 '섬(시마 SHIMA)' 부분으로 나눠 갖자고 한 적도 없다. 허리춤보다 낮은 담장을 사이로 허물없이 지내는 아름다운 이웃으로 살아가길 원했다.

그런데 섬나라 일본은 독도에는 대나무가 없는데도 '대나무 섬(다케시마 竹島)'이라는 엉뚱한 이름을 붙이고, 동해를 일본해로 인쇄 배포하여 역사 왜곡과 영토분쟁을 촉발하고 있다. 천심을 믿고 사는 우리의 너그러운 마음에 상처를 입히는 일본의 망언이 들끓고 있을 때마다 나는 가끔 우리말 '미' 되돌려 받기 국제소송이라도 하고 싶다.

지척에 있는 신기루의 섬, 쓰시마의 표기에서 우리말 '두섬'의 어원을 밝혀 대마도가 우리의 영토임을 만방에 공포하는 축하연에 참석할 그날을 손꼽아 고대한다. (2023)

물 다 드시고 나면

부산 근교에서 내원사 공룡능선은 빼놓을 수 없는 아름다운 등산코스이다. 멀리서 바라보면 크고 작은 뾰족한 봉우리가 공룡의 등지느러미 모양으로 줄줄이 연결되어 있어 공룡능선이라 한다.

공룡능선을 타려면 내원사 매표소 옆의 주차장에 차를 세우고, 왼쪽계곡을 따라 약 10분 정도 들어가면 된다. 노전암露田庵과 성불암成佛庵 쪽에서 흘러오는 개울이 만나는 곳에 우람하게 버티고 서있는 가파른 봉우리가 바로 공룡능선의 시작이다. 등산로 입구는 쉽사리 눈에 띄지 않지만 주위를 자세히 살펴서 나뭇가지에 노란색, 빨강색의 산행 리본이 걸려 있는 자갈길로 접어들면 된다.

등산 초입의 첫발부터 공룡능선의 위용은 과시된다. 작은 구릉으로 얕잡아 보지 말고 호락호락하게 넘보지 말고 조심스레 다가오라는 경고문 같이, 첫걸음부터 가파른 너럭바위를 네발로 기어올라야 한다. 공룡능선은 서너 시간이 소요되는 짧은 산행이지만, 로프를 타고 바위길 험로를 통과하여 급경사의 능선을 오르내리는 여간 어려운 코스가 아니다. 그런데도 내가 공룡능선의 산행을 택한 것은 공룡능선을 종주하여 기력도 과시하고, 한편으로 가끔 덜커덩거리며 통증을 주는 무릎관절을 길들이려는 욕심도 있었기 때문이다.

공룡능선의 첫째 봉우리에 올라 간신히 숨을 고르고 목을 축이려는 찰라, 천성산千聖山 봉우리를 휘감아 내려온 두터운 먹구름이 눈앞을 가렸다. 크고 작은 산등성이와 계곡을 쓸고 넘는 먹구름은 팔을 벌리고 도열한 노송들의 가슴속으로 속속 빨려들었다. 먹구름은 강철선보다 빳빳하고 바늘보다 뾰족한 청솔 잎으로 빗질되어 실안개 융단이 되었다. 하얀 융단은 몇 번이고 좌우측 능선을 왔다 갔다 출렁이다가 새털처럼 가볍게 공룡능선을 따라 흩어졌다. 먹구름은 영롱한 진주 방울이 되어 솔잎마다 대롱거렸다. 공룡능선은 교만한 인간의 호들갑스런 할딱거림을 외면한 채, 큰 바위 등짐을 지고 침묵하였다.

첨탑 같은 능선을 오르내리는 동안에 혹시나 하였던 왼쪽 무릎이 역시나 문제를 일으키고 말았다. 오르막 보다 내리막에 통증이 더욱 심하여 공용능선의 종주를 포기하고 하산하여야 했다. 우선 주차장까지 안전하게 내려가는 것이 급선무였다.

다행히 멀리가지 않아서 하산 길을 찾았다. 오른편 계곡으로 가파르게 나있는 등산로를 따라 등산용 스틱에 의지하여 끙끙대며 내려오다가 5부 능선을 가로지르는 편안한 길에 접어들었다. 평평한 길에 접어들어서 인지 무릎의 통증은 다소 누그러웠다. 골짜기를 헤집는 늦봄 골바람도 싱그러웠다. 한참동안 땅만 보고 조심스레 걷다가 개짓는 소리에 눈을 들어보니 성불암에 닿은 것이다. 절간에 개를 키운다는 것이 다소 생소하였지만, 외진 산속에서 살아가는 안전조치로 여겨져 개의치 않았다. 성불암에서 주차장까지는 그리 멀지 않아 마음이 놓였다.

해묵은 기와 담장과 노란 난초꽃 무리와 해우소解憂所와 대나무 숲은 성불암의 호젓함을 더하였다. 더욱이 여느

절간과는 달리 그 흔한 리어카도 갈 수 없는 오솔길로 대중세상과 연결되어 있어 관광객과 신도들의 발길이 뜸하였다. 목도 축일 겸 성난 무릎도 다독일 겸 깔끔하게 정돈된 샘터로 발길을 옮겼다.

샘터에는 긴 손잡이가 달린 회색의 큰 플라스틱 바가지와 파란 색의 작은 플라스틱 바가지가 있었다. 작은 바가지는 물속에 잠겨 있고, 큰 바가지는 샘터 언저리에 엎어져 있었다. 아내는 큰 바가지로 샘물을 가득 받아 반쯤 마시고 남은 물을 나에게 건넸다. 청량한 샘물을 한입 가득 머금고 섰는데 인기척이 났다. "물 다 드시고 나면 바가지에 물 가득 채워 놓고 가세요." 야윈 체격의 비구승이 암자의 법당 문을 열고 내다보면서 오늘 따라 골바람이 세차서 물바가지가 날려갈까 걱정이라 하였다. 나는 물바가지를 들고 먼 하늘을 보는 척 했다.

인적 드문 산사에서 물바가지를 챙기는 스님의 배려가 진초록의 산 그림자가 되어 성불암을 감싸 돌았다. 무릎 통증이 누구러졌다. 아마 공룡능선의 정기와 스님의 불심이 녹아 있는 샘물을 마셨기 때문일레라.

나는 얼마만큼 살가운 물바가지로 살았을까? 무릎 관절이 낡아 덜커덩거릴 정도로 내 몸 돌보지 않고 열심히 살았노라 큰소리치지만, 행여 내 목마름만 채우고 바가지에 물을 채워두기는커녕 내팽개친 일은 없었는지 뒤돌아보기가 두려웠다. 성불암의 물바가지가 내 심상心想을 꿰뚫어 보는듯하여 움찔하였다. 세상풍파에 긁힌 볼품없는 바가지가 될지라도 이웃의 목마름을 헤아리면서 살면 얼마나 행복한 여생이 될까?

내원사 공룡능선을 타다가 무릎이 탈나서 성불암으로 하산한 것은 횡재였다. 자칫했으면 성불암의 수도승과 샘터의 물바가지가 일깨워준 수신훈修身訓을 놓칠 뻔 했다. 이웃의 목마름을 헤아리는 샘물파기와 바가지 지키기를 게을리 할 뻔했다. 샘터에 잠겨있는 물바가지조차도 예사롭게 보이지 않는 걸 보니, 공룡능선 실안개를 닮을 때가 멀지 않았나 보다. (2012)

사랑을 퇴고하다

얼추 40년 된 오랜 일이다. 무단히 잇몸이 우리하고 이가 솟구쳤다. 풍치가 도졌나? 간밤에 꾼 운동회 꿈 때문인가? 어머니는 이를 앙다물고 뛰어도 입에 밥 한 숟가락 넣기 어려운 세상인데 한발 앞서지는 못할망정 꽁무니에 숨어서 번질거리지 말라고 꾸짖곤 하셨지만, 설마 어른이 된 지금 꼴찌로 달리는 꿈을 꾸었기로서니 잇몸까지 부어오를까? 고개를 갸웃거리다가 탁상달력에 붉은 목도리를 두르고 있는 '그날'을 보고 가슴이 덜컹하였다.

'그날'의 사연은 이렇다. 한동안 소식이 뜸하던 제자가 나타나 반갑게 인사를 했다. 다짜고짜 "교수님, 장가갑니다. 제가 직장을 잡고 신붓감을 데려오면 주례를 서주겠다고 한 약속을 잊지 않으셨겠죠. 축복의 첫발은 교수님이 선포해주셔야죠."라며 청첩장을 내밀었다. 종강 파티에서 얼큰한 기분으로 주례를 서주겠노라고 내지른 허풍이 걱정의 화근이었다. 술김에 한 농담이었다고 발뺌할 수도 있었지만, 내가 주례를 서주지 않으면, 게다가 교수들의 주례기피 바람도 불고 있는 터여서, 다른 연구실 교수에게 문전박대당할까 봐 주례를 서겠노라 큰소리치고 말았다.

주례를 한 번도 서 본 일이 없는 무데뽀가 자초한 코뚜레, '그날'이 가까워질수록 걱정은 칡넝쿨처럼 목덜미를 휘감았다. 이번에도 '죽는 날까지 신인新人으로 살다가 가는 그것이 인생이다.'라는 몸믿천을 걸어야 했다. 단전에 힘을 넣고 주례 등단 길에 발을 내디뎠다.

주례의 첫 시련은 주례사였다. 연필을 잡았다. 이런 일이 있을 줄 알았다면 결혼식에 갔을 때 뷔페식당으로 바로 가지 말고 주례사를 귀담아들어야 했었다. 답답했다. 눈앞이 캄캄할 때는 앞서간 수레의 바퀴 자국을 따라가라고 했던가. 선술집 길동무로 말문 열기가 수월한 선배 교수에게 손을 내밀었다. 엉겁결에 주례를 허락해놓고 뒷감당을 못 해서 주례사의 모범답안을 빌리러 왔다고 이실직고하였다. 선배는 그까짓 주례사까지 베끼려 하느냐고 은근히 자존심을 건드렸다. 그냥 연구실을 박차고 나오고 싶었지만 내 코가 석 자라서 참고 매달렸다.

선배 교수가 복사해준 주례사를 교범 삼아 얼개를 잡았다. 제자와 약속한 '그날'이 밝았다. 계절 인사로 말문을 열어 혼주와 하객에게 인사하고, 현모양처의 고사성어를 끌어와 신부를 추어올리고, 장래가 촉망되는 인재라고 신랑을 치켜세우고, 양가의 가풍을 익혀 효도하며, 자녀를 낳고 가르쳐 가문과 나라를 빛내는 화목한 가정을 꾸리길 당부한다는 고전적인 주례사로 '그날'의 들뜬 이빨을 간신히 가라앉혔다.

연구실의 제자가 많아질수록 주례 횟수도 늘어갔다. 처음 몇 번은 새파란 젊은 교수가 주례를 선다는 호기심으로 그냥 묻어갔지만, 아무리 결혼식 주례사를 귓등으로 흘린다 해도 이전에 써먹은 주례사에 신랑 · 신부의 이름만 바꿔 넣은 주례사를 거듭 낭독하는 것은 오래된 강의 노트를 우려먹다 들통이 난 것처럼 민망한 일이었기에 산뜻한 주례사가 간절했다.

주례사의 주춧돌은 사랑이다. 사랑을 알아야 주례사를 고쳐 쓸 게 아닌가. 제자들의 주례를 멋지게 해보려고 사랑을 찾아 나섰다가 사랑과 애정이 넘치는 정원에서 쉬어 가는 행운을 얻었다. 이영도 시인의 수필집, 《애정은 기도처럼》에 실린 〈뜰과 더불어〉이다. 없는 집 제사 돌아오듯 또 다른 '그날'이 돌덩이로 짓누르고 있는 터여서 이영도 시인이 애지중지하는 뜰, '시상詩想을 다듬듯, 수를 놓듯 알뜰하고 섬세한 애정과 헤아림으로 가꾸는 뜰'에서 치루는 야외 결혼식을 상상하며 주례사를 다듬었다.

하객들의 눈을 맞춰가며 여유만만하게 말문을 열었다. "진실로 이 천지 속에는 아름다운 정기가 가득히 차 있어 그것이 초목에 붙으면 꽃으로 피어나고, 하늘에 날아오르면 별빛으로 돋아나고, 청춘에 스며들면 사랑으로 개화한다고 이영도 시인은 노래하였습니다. 이 자리에 천지신명의 정기를 받아 아름다운 사랑의 꽃을 피워낸 한 쌍의 부부가 있습니다. 결혼은 인생의 뜻 있는 만남이요, 중대한 선택이며, 진지한 책임입니다. 결혼은 사랑으로 서로가 기댈 곳을 만들어 주려는 아름다운 마음에서 출발합니다. 신랑과 신부는 농부가 좋은 씨앗을 고르는 마음으로 서로를 선택하였고, 농부가 씨앗을 뿌리고 가꾸는 정성으로 일생을 함께하겠노라 일가친척 여러분 앞에 엄숙히 언약하였습니다. 두 사람의 앞날에 애정의 물꼬가 마르지 않도록 큰 박수를 부탁합니다. 감사합니다." 1분 남짓 걸렸다. 예상 밖의 짧은 주례사에 놀랐는지 한순간 정적이 흘렀다. 내가 신랑에게 축하 악수를 하려고 단상을 내려서자 그제야 박수가 터졌다. 사랑을 내세우길 잘했다.

오래간만에 주례의 굴레를 벗어난 홀가분한 주말이다. 집 앞 느티나무 정자에 기대서서 은사께서 당부하셨던 오래전 나의 주례사를 되새겨 본다. 사랑은 밀물 같아서 애정의 석방렴石防簾은 손볼 일이 없을 줄 알았다. 제자들에게 사랑을 당부할 체통도, 아내와 눈맞춤할 염치도 없다. 느티나무 낙엽이 서걱거리며 굴러간다. 늦가을 바람이 스산하다. 손바닥을 비비다가 흐릿한 볼펜 글씨를 보았다. '홍옥'이다. 아내에게 비단옷을 선물한다는 '홍옥혼식紅玉婚式'을 잊어먹을까 봐 내가 써 둔 것이다. 우리 부부의 '그날'이 낼모레다. 마음만 다급하다. 제자의 주례를 제쳐두고 허물어진 내 사랑의 돌담을 먼저 고쳤어야 했다. 사랑의 뜰 가꾸기를 너무 미적거렸나 보다. 늦어도 한참 늦었지만, 아내에게 핸드폰 쪽지글을 보내 애정의 이삭이라도 주워야겠다.

"해운대 미포에서 봅시다. 다홍의 노을이 꽃무릇을 피웠네요. 오륙도 유람선도 탑시다. 그 언젠가처럼 해무가 장막을 치면 보란 듯이 입맞춤하며 가슴을 데웁시다."라고. (2019)

트로트 치맥 파티

나는 통닭 천국에 산다. 휴대전화를 열어 몇 번만 똑똑 치면 통닭이 바람같이 달려오는 나라에 산다. 하루 24시간, 일 년 365일, 기름 솥에서 갓 튀겨낸 바싹바싹한 통닭이 삼천리 방방곡곡 배달되는 나라에 산다. 통닭과 생맥주, '치맥 파티'에 수천 명의 관광객이 몰려오는 나라, 바싹 고소한 프라이드와 달콤 매콤한 양념 통닭을 '짬짜면(짬뽕과 짜장면)' 시키듯 골라 먹는 맛있는 나라에 산다.

'어메이징! 원더풀!'전화 한 통화로 통닭과 생맥주가 광속으로 배달되는 나라가 있다니! 스페인에서 온 유학생이 통닭집에서 아르바이트하다가 주방에서 수시로 외치는 소리, '빨리빨리'가 통닭의 별명인 줄 알았단다. 바싹하게 튀긴 통닭을 보온 통에 싣고 달리는 오토바이, 아무리 좁고 비탈진 골목길이라도 막힘 없이 질주하는 날렵한 오토바이에 반했단다. 스페인에서 갓구운 통닭에 맥주 한 잔을 마시려면 레스토랑 문 앞에서 기다리다가, 지치고 배가 고파서 죽는다는 우스갯소리가 나올 정도인데, 언제 어디서나 '치맥'의 호사를 누리는 통닭 천국의 친구들이 부러웠단다. 그 유학생은 귀국할 때 '빨리빨리'의 마법과 수탉이 그려진 빨간색 오토바이를 가져갔단다. 그는 통닭집 아르바이트에서 얻은 경험을 바탕으로 '우리는 고객이 원하면 언제든지 바싹하게 구운 따끈한 통닭과 시원 씹쌀한 생맥주를 식기 전에 문 앞으로 배달합니다.'라는 생소하고 긴 이름의 간판을 내걸어 대박이 났다는 소문도 나돌았다.

통닭집 이름만 들어봐도 통닭 사랑의 애정이 하늘을 덮고도 남는다. 〈꼬꼬 하우스〉는 어리광스럽고, 〈닭들의 잔치〉는 예스럽고 점잖다. 〈토닥토닭〉은 오늘도 수고했어, 치맥으로 피로를 풀자. 스포츠용품의 상표를 패러디한 〈아디닭스〉는 우락부락한 가슴 근육이 부러운 젊은이들이여,

모두 여기 모여라. 〈닭크호스〉야! 당신의 능력을 보여 줘! 오빠가 튀긴 닭이 아니고, 오븐에 빠진 닭인 줄 뻔히 알면서도 형광봉을 흔들며 〈오빠 닭〉을 외치는 통사모(통닭 사랑 모임)의 목쉰 몸부림. 무엇일까 〈맛있는 까닭〉이, 궁금하다 시켜 먹자. 통닭과 파무침의 향긋한 궁합, 〈파닭〉도 있고, 상치에 통닭을 싸서 눈을 부라리며 정을 쌓는 〈쌈 통닭〉까지, 통닭 찬가는 끝이 없다.

통닭 천국은 통닭 용병이 지킨다. 코로나 19의 팬데믹으로 학생들이 집에서 온라인 수업을 하는 바람에 '빠라빠라, 빨리빨리'를 울리며 아파트를 누비는 통닭 용병들은 쉴 틈이 없다. 헬멧, 마스크, 조끼의 앞자락과 등판, 오토바이 연료통, 손가락을 잘라낸 가죽장갑, 휴대전화…, 입고, 타고, 들고 다니는 모든 것에 빈자리만 있으면 수탉의 로고를 붙이고 다니는 통닭 용병이 있다. 수탉 무늬를 날염한 속옷을 입고 다닐 것 같은 그를 나는 통닭 특공대라 부른다.

오랜만에 엘리베이터에서 통닭 특공대를 만났다. 오늘따라 특공대의 분장이 유별나다. 부엌용 고무장갑에 바람을 불어 넣어 헬멧에다 씌웠다. 생일파티가 있는 어린이의 집에서 통닭을 시킨 모양이다. 고무장갑의 탱탱한 다

섯 손가락이 싸움닭의 볏을 닮았다. 목을 길게 뽑아 깃털을 세우고, 날개를 넓게 펴서 초반 기세를 잡고, 닭 볏을 좌우로 흔들면서 목청을 돋우는 '아름다운 꼬끼오 트로트 오디션'에 출전한 수탉을 빼닮았다.

통닭집마다 문 앞에 마이크와 헤드셋을 설치했다. 누구라도 흥겹게 트로트를 부르고 나서 메뉴 버튼을 누르면, "가수의 소질이 있습니다. 축하합니다. 100점입니다. 통닭의 행운을 삼태기로 퍼 드립니다. 어서 오세요."라는 인사말과 함께 문이 자동으로 열린다. (내가 지어낸 이야기이지만 이 마이크는 음정, 박자, 가사를 무시하고 제멋대로 불러도, 통닭 주문만 하면 100점의 팡파르와 함께 출입문이 열리게 되어 있다.)

어느 날 통닭 천국에 희로애락 국민 애창곡, 트로트 열풍이 들불처럼 퍼지기 시작했다. '미스 트로트, 미스터 트로트'의 오디션 프로그램이 코로나 19로 지친 일상에 단비를 뿌렸다. '빠라빠라' 용병들도 오토바이를 세우고 '꿍따라쿵짝 꿍따라쿵짝' 발박자를 찍었다. 치킨집의 노랑머리 사장도, 통닭집의 꼬꼬댁 사장도, 닭볶음집 얼큰 아주머니도, 삼계탕집 산삼 할머니도 "꽃피이~는 동백섬에♬"라는 노랫말을 "꼬오끼이호오~ 동백섬에♬"라고 가사를 바꾸고, 트로트 가락으로 꺾어 넘기며 흥겹게 닭을 튀기고 볶고 삶았다. 젖소나 식물에 음악을 들려주면 생육 발달에 좋은 영향을 미친다는 이야기는 들어 봤지만, 트로트를 부르며 튀긴 통닭을 트로트를 부르며 먹는 맛은 어떨지 너무너무 궁금하다.

통닭 천국은 첨단과학으로 무장한 '빠라빠라' 특공대들이 통닭 배달의 영토를 장악할 것이다. 한적한 시골 농막에는 무인 자동차로, 외딴섬의 등대는 자동항법 드론으로, 해녀의 바닷속 작업장에는 원격조정 무인 잠수정으로 '치맥'의 환상적인 맛을 배달할 날도 머지않았다. 냉장고에 붙어 있는 통닭집 스티커를 훑어본다. 〈트로트 닭〉이라는 메뉴가 아직 출시되지 않았나 보다. 장맛비가 줄기차게 내린다. 사회적 거리 띄우기로 소원해진 친구를 불러 '트로트 치맥 파티'를 하며 꿉꿉해진 마음을 뽀송뽀송하게 말려야겠다. (2020)

비빔밥에 고추장

올봄, 오래간만에 은발을 단정하게 빗어 넘긴 시인 K 교수님을 만났습니다. K 교수님은 몇 해 전 정년 퇴임하고 조선통신사 문화 사업회 일을 맡고 있어 통신사에 얽힌 조상들의 숨은 외교사를 즐겨 듣습니다. 해운대 신시가지의 중국식당에서 이런저런 사람 사는 이야기를 하다가 K 교수님은 뜬금없이 "박 선생은 비빔밥에 고추장 같은 사람이야."라고 말했습니다.

남들 눈에는 속속들이 다 비쳐 보이는데, 정작 나 자신은 알아채지 못하는 그 무엇이 나의 말과 몸짓 이곳저곳에서 배어 나오나 봅니다. 자신의 됨됨이는 거울에 비춰 보지 말고 사람에 비춰보라(不鏡於水 鏡於人)는 묵자의 옛말이 떠올라 일순간 가슴이 철렁하였습니다.

나는 어릴 때부터 나서기를 싫어하고, 남의 이목을 끄는 캐릭터가 아니어서 변변찮은 별명도 없는 터라 평소 사물이나 사람을 그림같이 묘사하는 K 교수님이 붙여준 '비빔밥에 고추장'이라는 별호가 두고두고 애착이 갑니다.

전주에서 매년 열리는 수필세미나는 나에게 비빔밥을 맛보는 행운을 줍니다. 숟가락으로 휘젓기가 민망할 정도로 형형색색의 채소가 가지런히 담겨 있는 놋그릇의 화려함은 카메라 셔터를 유혹하고도 넘칩니다. 천하별미라는 전주비빔밥도 고추장이 없다면 어떤 맛일지 궁금했습니다. 놋그릇 한쪽에 고추장을 밀쳐두고 그냥 비벼 먹어 보았습니다. 고추장이 없는 비빔밥은 마치 된장 없이 풋고추를 씹는 비릿하고 밍밍한 맛, 사흘 굶어도 손대지 않을 그런 맛이었습니다.

고추장에 비빔밥이라는 별명을 얻고 나서 비빔밥을 먹을 때마다 고추장을 유심히 살펴봅니다. 이왕이면 늦가을 홍시처럼 투명하고 맛깔스러운 고추장이 되고 싶습니다.

고추장은 고춧가루의 즉흥적인 착색 효과로 탄생하지

않습니다. 모든 것들을 조화롭게 아우르고 응집시키는 고추장 정신은 기다림의 숙성에서 우러나옵니다. 콩 단백질의 구수한 맛, 전분의 단맛, 소금의 짠맛과 여기에 고춧가루의 매운맛이 잘 조화된 발효미醱酵味가 고추장의 자존심입니다.

이 세상 모든 고통을 껴안는 벌을 받을지라도 고추장 같이 비벼 섞이는 즐거움으로 살고 싶습니다. 맛있는 비빔밥이 되려면 고추장이 쌀밥, 보리밥, 된밥, 무른 밥은 물론이고, 콩나물, 고사리, 미나리, 육회, 과일, 상치, 된장, 참기름, 팍팍하거나 부드러운 것을 막론하고 이리저리 골고루 펴져 잘 묻어 비벼져야 합니다. 제아무리 기름기 자르르 흐르는 입쌀밥에 싱싱한 유기농 채소와 참기름으로 꾸며진 비빔밥이라도 고추장이 따로 놀면 무슨 맛이 나겠습니까?

스스로 잘 섞이면 스스로 잘 비벼집니다. 그런데 비벼짐과 섞임은 아주 다른 현상입니다. 제각각의 겉모습만 돋보이고 새로운 맛이 태어나지 못하면 단순한 기계적인 섞임에 불과합니다. 각자의 능력이 존중되면서 모두가 편안한 상태가 되는 화학적 섞임을 유발하는 힘과 노력이 있어야 비벼짐이 완성됩니다.

고추장으로 비벼진 모든 구성요소가 기죽지 않고, 제각기 맛과 향을 유지하면서 비빔밥이라는 새로운 에너지 덩어리로 뭉치게 하는 것이 바로 고추장의 역할이며 즐거움입니다.

고추장은 비빔밥의 웃고명이 아닙니다. 고추장이 밥과 나물 사이로 스며들어 본래의 형체를 감추는 순간 비로소 비빔밥이 탄생합니다. 고추장은 조연助演이 아니라 살가운 이웃의 멋을 살리고 맛을 다듬는 주연主演입니다. 이왕이면 우포늪*을 닮은 변함없는 토종 고추장이 되고 싶습니다. (2012)

* 우포늪: 경상남도 창녕군에 있는 국내 최대의 자연 늪지다. 가시연꽃, 수련, 창포, 오리, 고니, 논병아리, 왕잠자리, 소금쟁이, 달팽이, 우렁이, 자라, 물뱀, 족제비, 개구리 등등 약 70만 평에 1,000여 종의 무수한 생명체를 1억 4000년 이상 변함없이 아우르고 있다.

3부

어머니의 텃밭

불괴기 좀 맥일라고요

낙동강이 가마솥을 걸어놓고 물안개를 끓이던 포근한 봄날 아침이었다. 삼랑진에서 원동, 물금을 거쳐 부산으로 가는 새벽 열차가 황소 콧바람을 내뿜으며 깐촌(삼랑진읍 작원 마을) 터널을 빠져나올 찰나, 석탄 연기가 자욱한 터널을 통과할 때까지 참아 온 숨을 내쉬려는 순간, 낙동강의 새벽 강바람을 들이키려고 차창을 열려는 그때, 날카로운 "꼬오끼이호오!" 소리가 열차 칸을 뒤흔들었다. 새벽 선잠에 빠져있던 통학생들과 승객들은 생뚱맞은 수탉의 홰치는 소리에 놀라 사방을 두리번거렸다. 지금도 그렇지만 닭, 개, 돼지, 염소 등의 가축은 사람이 타는 열차에는 태울 수 없었기 때문에 사람들의 눈에 띄지 않도록 자루에 넣거나 보자기로 눈을 가려서 몰래 싣고 다녔다. 그런데 그 눈치코치 없는 수탉이 "나 여기에 있소. 나 기차 타고 부산가요."라고 차장을 우롱하듯 큰 소리로 울어 댔으니 내가 그 수탉의 주인이었더라도 혼비백산하였을 것이다.

광주리에 담아 보따리를 덮어 시렁에 올려둔 수탉이 날카로운 부리로 발목을 묶은 새끼줄을 끊고 결박의 해방감을 만끽하며 객차의 좁은 통로를 내달렸다. 학생들이 몸을 날려 수탉을 잡으려 하면 의자 등받이로 뛰어올랐다가, 맞은편 시렁으로 날아갔다가, 깃털을 휘날리며 날카로운 발톱으로 새벽잠에 취해 있는 학생들과 승객들의 머리와 어깨를 밟으며 난장판을 이루었다.

그때였다. "내 닭 좀 잡아주이소!"라는 다급한 소리가 객차 안에 메아리쳤다. 닭을 잡아달라는 간절한 도움의 외침이 귀에 익은 목소리였다. 엄마였다. 그 순간 수탉이 내 앞자리의 등받이로 날아왔다. 손만 뻗으면 수탉을 잡을 수 있는 절호의 기회였다. 여학생들도 놀라서 고함을 치고 있었던 터에 하필이면 엄마의 수탉이라니. 창피한 생각에 어정쩡하게 손을 뻗는 바람에 그만 닭을 놓치고 말았다. 덩치가 큰 학생들이 한꺼번에 달려들어 수탉을 덮쳤다. 수탉의 탈출극은 끝이 났다. 엄마는 치마를 움켜 잡고 맨발로 통로를 달려갔다. 엄마는 수탉의 두 날개를 단단히 비틀어 잡고 안도의 가쁜 숨을 몰아쉬었다. 엄마는 수탉을 움켜쥐고 나를 못 본 척하며 통로를 지나쳤다.

수탉의 붉은 볏 같은 근엄한 감투를 쓰고 출세하라고 자라 방생 축원까지 해준 아들놈이 남의 눈이 창피하다고 수탉을 놓친 얼빠진 짓을 알았다면 엄마의 상심은 오죽했을까. 설령 엄마의 수탉이 아니었다 해도 벌떡 일어서지 못한 그때의 철없었던 행동이 두고두고 부끄럽다.

그 흔한 입술연지, 손거울 하나 없이 민얼굴로 평생을 살아온 웅촌댁, 엄마는 시골 마을을 돌며 발품을 팔아 사모은 닭을 시장에 내다 팔아 자식들의 빈 입을 제비처럼 먹이셨다. 까까머리 중학생이었던 어느 일요일 새벽에 엄마는 동생들이 눈치채지 못하도록 조용히 나를 흔들어 깨웠다. 옷을 챙겨 입고 조용히 따라 나오라고 눈짓을 했다. 새벽 열차를 타고 엄마를 따라 부산에 갔다. 범일역에 기차가 도착했다. 엄마는 닭들이 꼬꼬댁거릴까 봐 마음 졸이며 역무원의 눈치를 살피면서 개찰구를 빠져나왔다. 엄마는 광주리를 풀어헤쳐 난전을 펼친 지 얼마 되지도 않았는데, 서둘러 닭들을 싼값에 떨이하는 눈치였다. 엄마는 범내골 기찻길 굴다리를 지나 조방朝紡으로 나를 데려갔다. 삼화고무라고 쓴 큰 굴뚝이 보이는 조방 철길에 들어서자 연탄 연기와 고기 굽는 냄새가 코를 찔렀다. 엄마는 후덕하게 생긴 할머니의 식당으로 들어섰다. 엄마는 식당 할머니가 묻지도 않는데도 지나가는 사람이 다 들리는 큰 소리로 "우리 아들 불괴기 좀 맥일라고요."라며 불쑥 등을 밀어 앞으로 내세우며 나를 자랑하였다. 엄마와 나는 연탄 화덕을 가운데 두고 작은 앉은뱅이 나무 의자에 마주 앉았다. 엄마는 소고기를 구웠다. 엄마는 불고기가 들어가는 내 입만 쳐다보며 웃고 또 웃었다. 화로에 이글거리는 연탄불의 열기, 석쇠 위에 지글거리는 소고기의 육즙 소리, 입에 넣자마자 녹아내리는 불고기 맛에 넋이 빠져있는 내 머리를 쓰다듬으며 엄마는 웃고 또 웃었다. 지금 생각해도 내 배 속만 채우느라 엄마의 입에 불고기 한 점 넣어드리지 못한 철없던 행동거지가 부끄럽고 미안하고 죄송하다.

엄마는 "얼른 먹어라. 괴기 다 탄다. 비싼 괴기다. 동생들한테 부산 가서 소괴기 묵었다고 말하지 말거래이."라고 입단속을 시켰다. 나는 엄마의 인생 파도를 헤쳐가는 돛이었고, 엄마의 허기를 잊게 하는 찰밥이었고, 엄마의 목마름을 적셔주는 샘터였으며, 엄마의 마음 텃밭에서 무시로 자라는 큰 걱정 작은 근심을 뽑아내는 요긴한 호미였고, 엄마의 저리고 쑤시는 무릎 통증을 잊게 하는 멘소래담인 줄 낙동강 물길만큼 긴 세월이 흐르고 나서야 어슴푸레 깨달았다.

올해 5월은 엄마의 백수白壽 생일이다. 언젠가 나에게도 엄마처럼 이 땅에서 마지막 한 걸음을 뗄 날이 올 것이다. 엄마는 '아들아, 며느리야, 행복하게 잘 살아라.'는 유언을 남기고 먼 길을 떠나셨다. 수탉의 날카로운 부리와 발톱에 긁혀 상처가 아물 날이 없었던 엄마의 손등을 이제는 쓰다듬을 수가 없다. 날이 밝으면 영락원에 계신 엄마를 찾아뵙고 안부를 여쭤야겠다. 그날, 엄마의 수탉이 벼랑길을 달리던 차창 밖으로 뛰어내려 낙동강에 떠내려갔으면 어쩔뻔했느냐고 우스갯소리로 인사를 건네야겠다. 시도 때도 없이 "꼬오끼이호오!"를 외치며 홰치는 수탉 때문에 천상의 일과시간은 헷갈리지 않는지, 은하철도 999를 타고 떠난 엄마의 여로旅路는 편안했었는지 챙겨봐야겠다.

엄마가 보고 싶어서 그런지 꽃샘바람이 으스스하다. 오

늘은 일찍 잠자리에 들어야겠다. 방금이라도 엄마가 나를 앞장세우고 "잘 컷지예. 내 아들입니더. 공학박사에다 교수라예. 우리 아들 불괴기 좀 맥일라고요."라고 동네방네 자랑하며 나 몰래 다녀가실 것 같아서.(2021)

어머니의 텃밭

텃밭은 온갖 미물을 안고 산다. 들쥐가 굴을 뚫고 가슴을 파헤쳐도, 두꺼비가 뜨거운 숨을 내쉬며 한겨울을 지내도 통행료를 받거나 숙박비를 청구하지 않는다. 텃밭은 마음에 드는 씨앗만 골라가며 품지 않는다. 무명의 잡초 종자가 바람에 실려와도 텃세를 부리거나 배척하지 않는다. 텃밭은 이 세상의 모든 종류의 씨앗을 보듬고 기른다. 텃밭은 칠흑의 밤에도 잠들지 않는다. 깜깜한 밤이 되면 움트기에 뒤처진 씨앗들의 성장을 격려하고, 웃자란 새싹들의 자만을 다독인다. 텃밭은 등껍질이 갈라지는 아픔을 참고 싹을 띄운다. 텃밭은 어머니의 품속이다.

아침 이슬이 차분하게 내린 텃밭에서 생명 탄생의 아름다움을 본다. 물도 잘 스며들지 않을 것 같은 딱딱한 흙속에서 매끈한 감자가 생겨나는 것을 보면 저절로 탄복이 나온다. 텃밭은 무수한 흙 알갱이로 되어 있다. 감자가 감자의 모습을 갖추려면, 땅콩이 땅콩의 모습을 갖추려면 텃밭을 이루는 무수한 흙 알갱이들이 자신의 자리를 양보하고 물러서야 한다. 텃밭은 어머니의 희생이다.

텃밭에서 움트는 채소와 꽃들이 제각기의 모양으로 자라고 피어날 수 있는 것은 하늘이 자기 모양만을 고집하지 않고 새싹의 여린 줄기와 잎사귀의 틈새를 빈틈없이 메우고 부드럽게 감싸면서 떠받들고 있기 때문이다. 어머니는 청명한 날이나 궂은 날에도 흙을 쓰다듬으며 하늘에 감사한다. 텃밭은 어머니의 베풂이다.

꽃샘추위가 가시지 않은 이른봄, 노쇠한 어머니는 엉덩이를 끌면서 텃밭에 상추를 뿌린다. 감꽃이 피는 일요일, 싱그럽게 자란 상추를 깨끗이 다듬어 자식들과 둘러앉아 먹을 생각만 해도 군침이 절로 난다. 봄 텃밭은 어머니의 신명이다.

느티나무 꼭대기에 덩그러니 달린 까치집이 무성한 이

파리로 감춰질 즈음 말복이 지나간다. 기다림 그 자체가 생명 부지의 근육이 되었고, 텃밭에 주저앉은 어머니에게 자식 기다림은 호사스런 욕심이다. 철이 지나 시들어진 상추를 호미로 갈아엎고, 태연한 모습으로 가을무를 뿌린다. 잘생긴 무만 봐도 도회지로 떨어져간 자식들의 얼굴이 밟혀 눈시울이 젖어온다. 가을 텃밭은 어머니의 그리움이다.

감나무 잎이 붉게 물들고 느티나무 숲에 가려진 까치집이 덩그렇게 드러나면 무서리가 내린다. 어머니는 양지바른 텃밭에 구덩이를 파고 가을무에 묻어 있는 외로움을 파묻는다. 오늘따라 뒷간에 메달아 둔 무청 시래기가 유별나게 바람에 사각거린다. 앞마당 외등을 밤새도록 켜두어도 전기료가 아깝지 않은 겨울밤이 깊어 간다. 행여 동구 밖 개 짖는 소리에 귀에 익은 아들의 발걸음 소리가 묻혀버릴까 어머니는 애가 탄다. 겨울 텃밭은 어머니의 뒷모습이다.

춘한노건春寒老健은 어머니를 피해가지 않았다. 어머니는 날이 다 닳아 버린 몽당 호미 한 자루와 그 호미로 다 쓰지 못한 텃밭 일기장을 나에게 맡겨두고 세상을 떠나셨다. 볏짚 멍석 같은 거친 손으로 얼굴을 쓰다듬어 주시던 어머니의 손길이 그립다. 어머니가 생각날 때마다 어머니의 몽당 호미로 텃밭 이랑을 헤집으며 먼 하늘을 본다. (2012)

뒷기미의 추억

삼랑진은 낙동강과 밀양강이 만나서 부산으로 흘러가는 곳이다. 세 갈래의 물길이 어우러져서 삼랑三浪이라는 이름으로 태어나는 곳은 삼랑리의 상부 마을에서 거족 마을로 가는 깎아지른 절벽 밑이다. 이곳 사람들은 뒤쪽 갯가에 있는 산등성이라는 뜻으로 그냥 뒷기미라고 부른다.

나는 뒷기미에서 어린 시절을 보냈다. 여름날 눈만 뜨면 강으로 내달리곤 했다. 군용 모기장을 뜯어 만든 나일론 잠방이를 입는 둥 마는 둥 버드나무로 가려진 나만의 모래톱 아지트로 돌진하였다. 옷을 홀랑 벗어 덤불 속에 감추고 개헤엄으로 물방울 튀기며 잠수도 하고, 은빛 모래로 이빨도 닦았다. 물이 목까지 차오르는 깊은 곳에서 재첩을 잡았다. 모래바닥을 헤집으면 반질반질한 재첩이 발가락에 걸렸다. 발가벗은 몸에 붙은 가장 편리한 주머니는 입이다. 입이 터져나갈 정도로 재첩을 가득 채우면서 자맥질을 반복하였다. 땡볕에 달아오르지 않도록 모래밭에 심어 둔 주전자는 한 시간도 채 못 되어 재첩으로 가득 차올랐다.

태양의 열기가 시들해지고 산 그림자가 강물에 빠져들 즈음이면 강가에 수양버들을 꺾어 낚시를 한다. 징거미 낚시는 바위틈이 최적지다. 실지렁이를 끼운 작은 낚시바늘로 바위틈에 숨어 있는 징거미를 꾀여 낸다. 징거미가 기어 나와 방울눈을 굴리며 눈치를 살피다가 집게발로 미끼를 집어 긴 수염에 가려진 입으로 살그머니 가져간다. 이 때 선불리 낚싯대를 채면 안 된다. 낚싯대를 살며시 들어 올려야 한다. 낚싯줄을 타고 전해오는 징거미 집게발의 물차기 손맛은 고량주가 목덜미를 타고 짜릿하게 넘어가는 바로 그 기분이다.

메기를 잡으려면 아침 이슬이 마르기 전 참깨 밭으로 나간다. 참깨 잎을 먹고 사는 연초록의 통통하고 투명한 깨

벌레를 바늘에 끼워 무거운 납추를 달아 깊은 곳에 던져두면 수염이 여유롭게 돋아난 합죽이 메기가 잡힌다.

그런가 하면 행동이 날렵하고 날씬하게 생긴 피라미는 보리밥을 좋아한다. 보드랍게 푹 삶아진 보리밥에 참기름을 비벼서 낚시에 끼우면 피라미 떼가 몰려든다. 피라미의 간지러운 입질을 되받는 찰나적인 낚아채기는 마른하늘 번개보다 더 깔끔해야 한다.

버드나무 몽당 낚싯대로 큰 고기를 잡으려면 강가에 튀어나온 돌멩이 섬은 명당이다. 홍수에 휩쓸려 온 고목등치에 걸터앉아 온몸으로 맛보는 시원한 물 냄새는 잊을 수 없다. 어쩌다가 한 자가 넘는 월척의 붕어가 물릴 때도 있다. 그럴 때면 몽당 버드나무 낚싯대는 여지없이 부러진다. 낚싯바늘을 물고 황급하게 도망치는 붕어의 등지느러미만을 본 동무들은 나보다 더 날뛴다. 그럴수록 내 마음은 서글퍼진다. 한 해에 한 번 잡을까 말까 하는 월척 붕어를 놓치는 대사건이 있었던 날, 밤에는 여지없이 꿈을 꾼다. 낙동강 물을 다 퍼내는 힘겹고 괴로운 꿈이다.

어느 해부터인가 수원지로 물을 퍼올리던 뒷기미 펌프탑에 횟집과 노래방이 들어서고, 강물 구경이 좋은 곳에 찻집이 생겼다. 날이 갈수록 강물 빛은 생기를 잃어가고 징거미와 재첩은 눈 씻고 보기 어렵다.

가끔 뒷기미 나루터에 나가 석양을 보고 섰노라면 강 건너 갯밭에서 밀짚 태우는 아버지의 모습과 무거운 봇짐을 머리에 이고 뱃사공을 부르는 어머니의 목소리가 아련하게 회상된다.

지금도 그 동네에는 부모님이 사셨던 집이 있다. 가끔 고향집을 찾아드는 날이면 이른 새벽 매봉산에 오른다. 구김살 없고 자유로운 낙동강을 바라본다. 숨가쁜 일상을 벗고 뒷기미를 휘감는 낙동강에 안겨 본다. (2012)

느티나무는 왜 가지를 칠까

이른 새벽이다. 까치 소리가 시끄럽다. 전봇대 꼭대기에 무슨 일이 생겼나 보다. 암컷 까치가 수컷에게 따지듯 다그친다. 당장 둥지를 틀어야 알을 낳을 텐데 여태까지 뭘 했느냐고, 꾸물거리지 말고 나뭇가지를 물어오라고 재촉한다. 수까치는 대꾸도 없이 허공에 몸을 던진다. 잽싸게 나뭇가지를 물어와 암컷에게 건넨다. 암컷은 길고 짧은 가지를 요리조리 꼼꼼하게 짜 맞추며 둥지를 짓는다. 까치 부부가 입술이 부르트도록 가지를 물어다 날라 둥지가 얼기설기 엮어질 즈음, 전력회사의 사다리차가 귀신같이 달려와서 까치집을 허문다. 암컷 까치는 길바닥에 널브러진 둥지를 보며, 졸지에 불법 건축 범법자로 쫓겨 다니는 서러움에 북받쳐, 집도 없는 수컷에게 청혼을 허락한 콩깍지를 한탄하다가 목청이 잠긴다.

사다리차가 돌아간 마을 어귀는 포화가 멎은 전쟁터인 양 조용하다. 우리 마을 지킴이, 아름드리 느티나무는 전깃줄에 넋을 잃고 앉아있는 까치 부부에게 눈길조차 주지 않는다. 까치와 사다리차의 전쟁이 새삼스러운 사건도 아닐 뿐만 아니라, 해거름이 지기 전에 느티나무에 통사정하러 올 일이 뻔하기 때문이다. 정신 줄을 놓고 있던 수까치가 느닷없이 느티나무 품으로 날아든다. 이쪽저쪽 가지를 들락거리며 둥지를 틀게 해 달라고 조르는 까치 소리가 나긋하다. 느티나무는 올해도 전세도 월세도 받지 않고 전망 좋은 꼭대기를 신혼 까치에게 허락한 모양이다. 수까치는 암컷을 달래가며 둥지를 짓느라 진종일 허둥댄다.

까치 둥지가 완성될 즈음이면 느티나무는 연록의 새잎으로 봄 치장의 멋을 부린다. 하늘을 거울삼아 몸맵시를 다듬어서인지 잔가지 하나도 흐트러짐 없이 단정하고 깔끔하다. 밑둥치에서 뻗어 나간 가지의 얼개가 촘촘하다. 하늘이 보이지 않는 비좁은 틈바구니인데도 가지들은 서로 엉키거나 맞서지 않고 편안하게 팔을 뻗었다. 욕심이 앞서 무심코 내뻗은 가지 때문에, 느닷없이 불어 닥친 돌풍 때문에 이웃끼리 서로 얽히고설키는 다툼도 없지 않았을 터인데, 느티나무가 원예학을 배우거나 아마존의 열대우림을 탐사하며 가지 뻗기의 처세술을 터득했을 리 만무할 터인데도, 서로 뒤엉키는 불편을 주지 않으려고 조심하며 가지를 뻗었다. 구급차 쪽으로 길을 내주듯 황급히 가지를 비틀었는지, 골절의 옹이 자국마다 수액이 굳어있다. 느티나무를 안아 본다. 느티나무가 의젓하다.

느티나무는 평생 얼마나 많은 가지를 칠까. 밑둥치에서 뻗어 나간 가지들이 수천 갈래로 갈라져 있어 헤아릴 재간이 없다. 오죽하면 이탈리아의 수학자 피보나치도 나뭇가지 수를 가늠하는 수열까지 만들었을까. 느티나무 가지의 숫자도 궁금하지만, 그보다도 느티나무는 왜 해마다 새로운 가지를 치는 걸까. 느티나무의 가지도 공작새의 깃털같이 자기과시의 표상일까. 동쪽으로 뻗은 가지와 서쪽으로 자란 가지는 평생 만날 수도 없고, 만날 일도 없고, 아는 척할 일도 없을 터인데도 서로 시기하지 않고 햇볕을 나누며 조화롭게 어울려서 장대한 귀골을 유지하는 느티나무의 당당한 자신감은 어디서 나올까.

느티나무 곁에 나란히 서 본다. 느티나무처럼 양팔을 하늘로 뻗어 본다. 십 분이 채 되기 전에 어깨가 저리다. 나는 어떤 가지를 뻗으며 살아왔는가. 남들보다 조금 앞질러 가려고, 내 몫을 좀 더 챙기려고 팔이 빠지는 줄도 모르고 내뻗었던 말라 비틀어진 잔가지도 보인다. 내가 느티나무라면 어떤 모습일까. 날뛰며 살아온 삶의 줄기와 가지가 이리저리 얽히고설킨 불균형의 몰골이리라.

느티나무가 천치바보가 아니라면 가지가 돋아날수록 온몸으로 떠받쳐야 할 고통이 그만큼 더 늘어날 것을 모를 리 없을 텐데 왜 해마다 새 가지를 칠까. 하늘에 맞닿는 잔가지는 실바람을 감지하는 풍향계일까, 계절의 체온계일까, 아니면 얼굴을 단장하는 색조 화장 분솔일까. 그 무엇보다도 해묵은 체형을 다듬어 여유로운 모습으로 균형을 잡는 자기치유의 수련이 아닐까.

때늦었지만 '가지 많은 나무에 바람 잘 날이 없다.'라는 옛말로 느티나무의 자긍심을 긁는 언행을 삼가며 살아야겠다. (2014)

강마을 연가

내 고향은 강마을이다. 낙동강이 굽이도는 그곳에는 백년이 넘은 아치형 낙동강 철교가 기러기 날갯짓으로 강물을 가로지르고 있고, 일제 강점기 때 내륙의 농산물을 돛배로 싣고 와서 부리던 부두와 기찻길의 흔적, 의용 소방대의 종탑이 있던 장마당과 막걸리 술도가, 양철지붕의 2층 가옥, 주춧돌만 남은 곡물 창고와 정미소의 빈터가 개화기 영화 세트장같이 세월을 잊은 듯 고스란히 남아있다.

유년 시절, 강물이 얼어붙는 추위가 오면 언제 어디서

날아왔는지 청둥오리와 기러기 떼가 발 디딜 틈도 없이 강물과 모래사장과 강변의 보리밭을 새카맣게 뒤덮었다. 강물에 고춧가루 한 바가지만 풀어 넣으면 오리에 잉어를 곁들인 즉석 보양탕이 된다는 어른들의 우스갯소리가 빈말이 아닐 정도로 강마을은 물 반 오리 반의 철새 천국이었다. 서쪽 하늘에 붉은 노을이 번져오면 철새들은 주홍의 노을을 가슴 가득 들이키다가 숨이 차는지 날갯죽지를 퍼덕이며 소란스럽게 울었고, 철새가 미처 삭이지 못하고 게워낸 주홍빛 노을에 물든 강물은 황금 비늘을 번쩍이며 승천하는 거대한 용이 되어 꿈틀거렸다.

살다 보면 내 남 할 것 없이 우리네 삶은 언제나 금요일 밤일 수 없다. 뜻밖의 비바람을 만나 마음자리가 심란하면 나는 청둥오리 깃털보다 더 포근한 강마을의 고향 집 아랫목으로 나를 데리고 가서, 종달새처럼 자유롭던 유년의 추억으로 군불을 지피고 삶의 굳은살을 풀며 몸을 추스른다.

그때, 여름에도 동네 꼬맹이들이 기차 철교 밑으로 몰려와서 강바람을 쐬며 더위를 피했다. 강물이 여울지는 다릿발 밑에서 누에처럼 통통한 참깨 벌레 미끼로 메기랑 붕어를 낚았다. 약삭빠른 친구들은 형이나 누나를 졸라서 이른 새벽에 낚싯대를 펴두고 자리를 미리 찜하는 잔꾀를 부렸다. 한낮 땡볕에 강바람이 달아오르면 팬티를 홀랑 벗어 갈대에 널어두고 새카만 진흙을 알몸에 발라 인디언 놀이도 하고, 모래 둔덕에서 봅슬레이 자세로 진흙 미끄럼을 타며 시간 가는 줄 모르고 놀았다. 물놀이에 혼이 빠져 강바람에 자물자물하는 낚시찌를 물고기의 입질인 줄 잘 못 보고 낚싯대를 허겁지겁 낚아채다가, 구경하던 친구의 러닝셔츠에 낚싯바늘이 걸리는 바람에 애꿎은 친구를 낚기도 하였다.

진흙 웅덩이 바닥에 메기가 꿈틀대듯 고향의 물길이 수십 번 구불거리는 긴 세월이 흘렀다. 천릿길을 한 해도 거르지 않고 찾아오는 겨울 철새의 안부가 궁금하여 강변으로 갔다. 어찌 된 일인지 인기척에 놀라 퍼덕거리며 하늘 높이 날아올라야 할 오리 떼가 한 마리도 보이지 않았다.

아무리 새벽안개가 짙게 끼었다 해도 철새가 내 고향의 아름다운 강마을로 날아오는 하늘길을 잊었을 리가 없다. 골골샅샅 강줄기가 파헤쳐져 철새의 먹이가 되는 들판의 이삭이 줄어들고, 풀숲이 훼손되어 보금자리가 사라지고, 농약과 공업용수가 유입되어 수질이 오염되고, 자정력을 상실한 강물의 녹조현상으로 물고기가 떼죽음했다는 흉흉한 비보悲報가 헛소문이 아니었나 보다.

천 리 밖의 물 냄새도 맡는다는 청둥오리가 환경훼손의 재앙을 눈치채지 못할 리 없다. 쪽빛 하늘에 한글 자모를 휘갈기며 장엄한 칼군무群舞를 뽐내던 기러기가 고개를 돌려 비켜 가는 고향은 흑백사진처럼 생기를 잃었고, 철새가 강마을을 외면하는 영문을 알 리 없는 강물은 오니汚泥가 퇴적된 강바닥만 넋을 놓고 헤집었다. 철새를 기다리느라 지쳐서 몸살을 앓는지 강물은 물대포를 쏘듯 새벽안개를 내뿜었다. 나는 물안개를 더듬으며 유년의 낚시터로 발길을 옮겼다. 자리다툼으로 왁자지껄했던 낚시 명당은 갈대만 무성했다. 은발의 머리를 풀어 헤친 갈대가 텅 빈 강변을 지키고 있었다. 매서운 강바람에 바짝 야윈 갈대가 세월에 풍화風化된 몸으로 강마을의 향수鄕愁를 구독購讀하러 온 나를 물끄러미 쳐다보았다. 강물에 다이빙하며 깔깔거리던 친구들, 가난과 배고픔에 진저리가 나서 도회지로 품을 팔러 떠나간 친구들의 얼굴이 물안개 속에서 어른거렸다.

콩 서리, 감자 서리로 새카맣게 물든 입을 헹구어도 배탈이 나지 않았던 맑은 강물은 간데없다. 얼음장 깨지는 소리에 놀란 키다리 고니가 얼음판에 미끄러져 발목을 삘까 봐 새벽같이 강변으로 달려갔던 꺼벙한 추억도 아릿하다. 강여울에 퇴적된 친구들의 자지러지는 웃음소리가 강물을 박차고 나와 목말을 탄다. 갈꽃 숱이 듬성듬성한 해묵은 갈대가 강바람을 등에 업고 손 인사를 보낸다. 갈대가 나를 그윽하게 바라본다. 내가 어느 골짜기 어느 들판에서 무슨 일을 하며 살았는지, 낙동강처럼 굽이쳤던 내 삶의 물길도 손금을 보듯 꼬치꼬치 구독했었나 보다.

강마을 모래밭에 파묻힌 유년의 추억을 알 리 없는 강물은 철교 다릿발을 휘돌며 멈칫거린다. 해가 갈수록 고향의 철새 소식은 뜸하다. 청둥오리가 때맞추어 강마을로 날아 오지 않는 사연은 마스크로 얼굴을 가려 숨쉬기가 힘든 탓일 거라고 변명하기가 민망하고 낯간지럽다.

강바람에 갈대숲이 서걱거린다. 기러기가 고향의 강마을을 비켜 날아간다. 끼룩끼룩 울음소리를 주고받는 기러기의 애틋한 비가悲歌가 새벽 칼바람을 타고 아스라이 퍼져간다.

때늦었지만 낙동강 하굿둑이 35년 만에 개방되었다는 기쁜 소식이다. 바닷물과 민물이 섞이는 기수 생태계가 하루빨리 예전 모습으로 복원되어, 철새들이 서로의 깃털을 다듬어 주며 강마을 연가江村戀歌를 합창하느라 밤잠을 설치는 그날을 고대한다. (2022)

타작마당

늦은 밤이라서인지 아파트 놀이터의 그네가 모처럼 비었다. 놀이터를 지나칠 때마다 한번 타보고 싶었지만, 아이들 보기가 열없어서 기회를 엿보던 참이었다. 손바닥만 한 그네 받침에 엉덩이를 억지로 끼워 넣고 무릎을 펴고 접으며 그네를 흔들어 본다. 달그림자를 밟고 뛰놀던 타작마당이 아삼아삼하게 멍석처럼 펼쳐진다.

설익은 완두콩을 따먹다 책 보따리를 빼앗긴 채 타작마당에 꿇어앉아 손을 들고 벌을 받았지. 눈먼 동생을 남겨두고 세상을 떠난 옆집 할머니의 꽃상여가 타작마당에 놀어붙는 바람에 상두꾼들은 '어화 넘자'를 외치며 목이 쉬었지. 대보름 달집에 콩을 볶아 먹으면 이빨이 튼튼하다는 말에 숯 다리미를 들고 자리다툼도 하였지. 뒷집 형님은 생솔가지 겨울 땔감을 바리바리 해놓고, 할아버지 산소가 보이는 타작마당 귀퉁이에서 큰절을 올리고 황소 눈물을 훔치며 군대로 갔지. 옹헤야 도리깨소리가 멎고 보리타작 짚불에 간갈치 굽는 냄새가 진동하면, 꼴깍거리는 침을 참느라 목구멍이 아렸지. 타작마당을 명경같이 쓸고, 우물을 치고, 장승에 금줄을 치고, 집집이 청솔가지를 세우고 황토를 뿌리던 날, 지신밟기 풍물패가 꽹과리를 치며 타작마당을 돌았지.

타작마당은 입방아 방송국이었지. 동동구리무 방물장수가 타작마당에 전을 벌리면 동네 누나들이 모여들어 도회지 냄새를 맡았지. 딸막이네 아버지가 씨받이를 들인다는 입소문도 타작마당에서 퍼졌지. 여동생을 업고 놀면 등이 갈라진다는 뜻 모를 소리도 타작마당에서 들었지. "이름도 몰라요♬~ 성도 몰라♬~ 낯선 남자 품에 얼싸 안겨♬~." 옆집 마도로스 형님의 유성기를 듣고 귀동냥한 '댄스의 순정'을 멋모르고 부르다가 엄마 손에 끌려나가 뒤통수를 맞았지.

타작마당은 쌈짓돈 장마당이었지. 콩, 참깨, 고추, 홍시가 타작마당에서 팔려나갔지. 타작마당은 곡식을 훑고 털고 까불고 말리느라 언제나 분잡하였지. 장맛비가 부슬거리던 밤에 공동묘지의 도깨비불을 잡으러 가는 골목대장 취임식도 타작마당에서 열렸지. 어쩌다 타작마당이 비는 날이면 자치기, 술래잡기, 땅따먹기, 꼬챙이로 그림 놀이를 하며 밥때를 잊었지.

강 건너 기와지붕을 닮은 무척산을 즐겨 그렸지. 고무신에 받아온 물을 부어 강을 칠하고, 모래를 뿌려 백사장을 만들었지. 굴밤나무 이파리로 산을 그리고, 산나리 꽃잎 두 개를 겹쳐 물새 부리를 그렸지. 황토로 둥근 해를 그리고, 하얀 도라지꽃을 꺾어 별을 그렸지. 밀물에 휩쓸려 온 넓적한 굴 껍데기로 뭉게구름을 그리고, 하늘은 언제나 맨땅으로 두었지. 파란 바다가 되었다가 붉게 물들고, 화살을 쏘듯 장대비를 퍼붓다가 칠흑으로 얼굴을 가리는 하늘 때문에 애가 탔지.

밤이슬이 어깨를 흔들어 나를 깨운다. 허겁지겁 승강기를 탄다. 마룻바닥에 수채화 도화지를 펴놓고 손바닥으로 천천히 훔쳐본다. 까칠한 촉감이 영락없이 대빗자루로 쓸어 놓은 타작마당이다. 동심의 밑그림이 암각화처럼 가물거린다. 팔레트를 연다. 다랑이 같은 팔레트에 온갖 물감이 담겨있다. 무슨 색깔을 먼저 칠해야 할지 망망하다. 가슴 칸칸이 채워두었던 고향의 색깔들이 긴 세월에 바래버렸나 보다. 그믐밤의 타작마당이라 우기며 새카맣게 칠해버리고 싶은 답답한 마음이다. 타작마당에서 그림 놀이를 할 때는 나무 이파리와 조개껍데기, 황토와 검정 고무신만으로도 모자라는 색깔이 없었는데, 수십 가지 물감을 코앞에 두고도 강물 색깔조차 제대로 칠하지 못하고 허둥대는 까닭은 무엇일까? 타작마당을 잊고 산 세월이 너무 길었나 보다. 자극적이고 현란한 도회지의 반색맹증 탓인지, 아니면 타인의 색감으로 분장하고 살아온 세태에 찌든 탓인지도 모르겠다.

놀이터로 다시 내려와 그네 앞에 선다. 한발 앞서 달려온 향수가 그네를 굴린다. 그네가 앞으로 나가며 타작마당의 새벽안개를 쓸어낸다. 그네가 뒤로 물러서며 강물에 드리워진 산그늘을 걷어낸다. 그네가 앞뒤로 오가며 삶의 팔레트에 엉겨 붙은 세월의 이끼를 닦아낸다. 강물이 찰랑대며 그네를 탄다. 보리피리 장단에 그네가 춤을 춘다.

경전선 기찻길 공사로 타작마당이 파묻히던 날, 낙동강 준설공사로 갯밭이 무너져 내리고 청둥오리가 섧게 울던 날, 고향 집으로 보낸 타작마당 수채화가 흙탕물에 떠내려가는 안타까운 꿈으로 밤잠을 설쳤다.

이제야 깨닫는다. 타작마당은 내 동심만 되비치는 사향思鄕의 거울인 것을. (2015)

헛가지

나는 가지치기 까막눈이다. 해마다 옆집 이웃사촌의 손을 빌어 마당의 단감나무를 가지치기하였다. 이태 전에 텃밭에 심어 둔 매실나무, 배나무, 무화과나무도 거름기를 받아 쑥쑥 자라고 있고, 이제는 더 이상 염치가 없겠다 싶어 올해는 내가 하기로 작정했다. S코스까지 후진주행하며 어렵사리 딴 자동차의 운전면허가 방방곡곡을 누비는 축지술縮地術이 되고, 타자기로 익힌 독수리 타법이 컴맹탈출의 밑천이 되었듯이 '배움에 늦은 때란 없고, 내 손이 내 딸이다'는 경험법칙經驗法則을 되뇌며 감나무에 긴

철제 사다리를 걸쳤다.

감나무 꼭대기에 허리춤이 나올 정도로 높이 올라섰다. 준비운동 삼아 손아귀에 힘을 주고 전지가위를 서너 번 찰각거렸다. 가지치기 달인의 작품을 본보기로 삼을 요량으로 담장너머 옆집 감나무를 흘깃 훔쳐보았다. 지그재그 모양으로 손질 된 가지는 풍작을 기원하는 솟대의 목조木鳥처럼 자유롭고 단아하였다.

사다리에 몸을 곧추 세우고 제멋대로 뻗어있는 가지들을 휙 훑어보았다. 아직 물오르기가 이른 철이라서 그런지 가지들은 생기가 없고, 싹눈조차 검은 점으로 바삭 말라 있었다. 해묵은 가지에 볼품없이 돋아 난 작은 가지가 눈에 거슬렸다. 싹둑 잘랐다. 날카로운 면도날로 수염을 깎을 때 느끼는 오싹하고 상큼한 기분이 전지가위를 타고 손끝에 닿았다. 나무도 가지치기하면 사람이 이발하는 기분일거라는 생뚱맞은 생각이 들었다. 이발이 끝난 감나무 모양새를 마음속으로 그려가며 가지치기에 정성을 쏟았다.

사다리 꼭대기에 올라선 채로 때 마침 산기슭 과수원의 가지치기를 마치고 돌아오던 옆집 동생과 눈이 마주쳤다. 감나무와 나를 번갈아 보면서 뭔가 마뜩찮은 눈치다. 세상 모든 일에는 프로가 있고 선수가 있는 법인데, 짬을 내서 감나무를 다듬어주겠노라 말했는데, 그 새를 참지 못하고 감나무를 망쳤냐는 핀잔의 눈총이 섬광처럼 날아왔다. 황급히 사다리에서 내려와 멀찍이 떨어져서 감나무를 쳐다봤다. 이리저리 삐죽삐죽 치솟은 가지들은 엉성하고 어색하여 마치 쥐 파먹은 머리 같다. 남겨 두어야 할 꽃눈가지는 잘려 나가고, 허우대만 멀쩡하고 실속 없는 헛가지만 남았단다. 헛가지는 꽃눈이 부실하여 감이 열리지 않는단다. 올가을에 단감 맛보기는 글렀단다. 꽃눈가지와 헛가지조차 구별 못하는 까막눈의 자업자득이라고 놀렸다.

아무리 자전거 타기는 넘어지면서 배우는 거라고 하지만 막무가내로 가지치기한 후회스러움은 좀처럼 가시지 않는다. 그나마 내년엔 헛가지에서 감꽃이 필 꽃눈가지가 나온다니 다행이다. 여름이면 물장난을 좋아하는 손자 녀석들이 어김없이 시골집 마당에 모여든다. 감나무 아래에 만들 미니 풀장의 햇볕가리개가 될 만큼이라도 헛가지의 잎사귀가 무성하면 좋겠다.

어설픈 가지치기로 흉하게 된 감나무가 초록빛 이파리로 감춰지는 유월을 기다리며, 사는 동안 행여 헛가지에

한눈팔려 꽃눈가지를 망치는 일이 없도록 일상日常을 다잡는다. (2012)

김치처럼

얼큰한 김치찌개를 먹고 진땀을 흘리면서 '어– 시원하다'라는 감탄사가 저절로 나오는 사람은 한국 사람이다. 막걸리의 텁텁한 뒷맛을 김치 조각으로 입가심하고 주먹 손으로 턱을 훔치며 빙긋 웃는 사람은 원조 한국인이다. 김장김치를 찢어 올린 뜨거운 밥만 봐도 한입 가득 군침이 샘솟는 사람은 지구 반대편에 살고 있어도 대한大韓의 핏줄이다. 카메라 렌즈를 보며 입을 모아 '기임~치~!' 라고 외치는 사람은 토종 한국 사람이다. 김치는 한국 사람의 행복 유전자이다.

한국 사람이라면 절이고, 치대고, 버무리기가 무슨 말인지 단번에 알아먹는다. 김치는 절이고, 치대고, 버무리는 솜씨가 절묘하게 조율된 오색오미五色五味의 오케스트라이다. 배추, 무, 오이를 버무린 섞박지도 있고, 절인 무로 꽃 모양을 만들고 그 가운데 붉은 당근으로 장식한 매화 김치도 있다. 동치미에 삶은 꿩고기를 뜯어 섞은 꿩김치도 있고, 데친 전복과 깍두기를 버무려 숙성시킨 해물김치, 생태 아가미를 썰어 넣은 서거리김치 등등 별의별 김치가 즐비하다. '미혼의 젊은 남자로 총각김치를 담근다.'라는 믿지 못할 농담이 생길 정도로 한국 사람은 먹을 수 있는 것이면 무엇이든지 김치를 만든다. 한국은 김치 천국이다. 김치는 한국 사람의 음식 아이콘이다.

올해 4월 2일 뉴욕타임스에 김치가 떴다. '김치? 미셸 오바마도 팬이다.'라는 광고가 실렸다. 김치가 한식韓食의 세계화 홍보에 나선 것이다. 미셸 오바마가 손수 기른 배추로 담았다는 백악관의 김치 사진을 꼼꼼히 살펴봤다. 숨이 잘 죽은 통배추에 골고루 속을 채우고 양념을 치댄 포기김치가 아니라, 매운맛에 익숙하지 못한 그들의 입맛에 맞춘다고 그랬는지 몰라도 국물이 잘박한 백김치를 닮아 보였다. 홍고추, 미나리, 쪽파, 부추는 보이지 않았지만, 김치 담그기 문외한인 내 눈에도 '영락없는 물김치'로 보였다면 한국의 김치는 이미 지구촌의 별미 반열에 올랐다는 증표가 아니겠는가?

김치는 한때 이방인들이 꺼리는 음식이었다. 한국인의 몸에서 배어 나오는 김치 체취 때문에 곤혹스러운 따돌림을 받았던 때도 있었단다. 어느 한국 여행객이 느글거리는 뱃속을 달래려고 호텔의 객실에서 김치를 몰래 먹는 바람에 투숙객들이 코를 틀어막고 뛰쳐나오는 난리 굿판이 났다거나, 어느 한국 유학생은 김치 냄새 때문에 입학 허가 면접시험에 낙방했다는 서운한 소문도 있었고, 어떤 약골 권투시합 도전자는 한국 선수가 일부러 김칫국물을 들이켜고 마늘 냄새를 풍기는 바람에 시합에서 졌다는 개운하지 못한 패자의 변명도 나돌았다. 그런데도 미셸 오바마가 무슨 연유로 백악관 정원에서 배추까지 직접 가꿔 가며 김치를 담갔을까? 미셸 오바마가 김치 담그는 요령을 트윗에 올릴 정도로 김치 사랑에 빠진 사연은 무엇일까? 한국 여성의 살결이 유난히 고운 것은 끼니마다 먹는 김치의 약리효능 때문이라는 입소문이 퍼져서일까? 세계를 휩쓰는 케이 팝 가수들의 역동적인 리듬과 현란한 춤사위에서 김치의 화끈한 맛을 느꼈기 때문일까?

20년이 훌쩍 지난 오래전이다. 독일의 아헨에서 연구하던 때다. 감기몸살로 헛소리까지 하며 기진맥진한 적이 있었다. 그때, 물 한 모금도 삼키기 힘들었던 그 날, 눈앞에 헛것으로 어른거린 김치 국밥을 잊을 수 없다. 이역만리에서 끼니마다 김치를 먹는다는 것은 꿈에나 있을 호사스러운 식탁인 줄 누가 모르겠느냐마는, 외로움의 향수가 감기몸살을 빙자해서 김치 국밥 도깨비를 불러들인 것이었다.

냉장고를 열었다. 한인교회에서 챙겨준 김치가 동난 줄 뻔히 알면서도 김치를 담아두던 유리병을 꺼냈다. 바싹 마른 배추김치 한 조각이 유리병 바닥에 눌어붙어 있었다. 칼끝으로 김치 조각을 긁어 끓는 물에 털어 넣었다. 아까운 마음에 유리병에 배어들었을 김치 냄새까지 뜨거운 물로 헹구어 냄비에 보탰다. 고춧가루가 점점이 떠 있는 멀건 국물이 우려져 나왔다. 김칫국이 아니라 김치 차가 되었다. 아슴푸레하게 김치 냄새가 풍겼다. 뜨거운 국물을 한 모금 머금었다. 솔바람에 알몸을 헹구듯이 개운한 생기가 온몸에 스며들었다. 김치! 그 이름만 들어도, 그 냄새만 떠올려도 몸이 뜨거워지고 정신이 맑아진다. 김치는 한국 사람의 마음을 달래는 청심환이다.

누구나 그러하듯이 나도 나에게 주어진 삶을 절이고, 치대고, 버무리면서 먼 길을 왔다. 내가 김치라면 나는 어떤 맛의 김치일지 궁금하다. 미나리 김치같이 향긋할까, 열무김치같이 아삭할까, 고들빼기김치같이 쌉쌀할까, 겨울 동치미같이 차분할까, 묵은지의 그윽한 풍미가 나는 숙성된 김치일까? 행여 까칠한 성미로 밥상을 망치는 그런 김치는 아닐까? 이제부터라도 나 자신을 스스로 절이고, 치대고, 버무리는 일에 정성을 다해야겠다. 어떤 밥상, 어떤 식성에도 잘 어울리는 향긋하고, 아삭하며, 화끈하고 시원한 김치처럼 신명 나게 살고 싶다. (2013)

4부

업경

업경

명부冥府로 출석하라는 전갈이 왔다. 명부란 말만 들어도 다리가 얼어붙지만, 어차피 이승을 이별할 때 반드시 거쳐야 할 관문이기에 마음을 다잡아 명부에 나갔다. 눈에 보이지 않는 누군가에게 등을 떠밀리며 명부전의 대청마루에 엉금엉금 기어올랐다. 우락부락한 판관이 사천왕의 눈알을 부라리며 높다란 보좌에 앉아서 흘깃 내려다보았다. 오방색 조끼적삼을 헐렁하게 풀어헤친 판관은 밤낮으로 밀려드는 영혼들을 심판하느라 지쳐 보였고, 맥없는 쉰 목소리로 입을 열었다. 판관은 초면 영혼의 심문 매뉴얼에 따라 “어느 골에 사는 뉘신지요. 그리고 무슨 일로 이렇게 서둘러 오셨나요?”라고 의례적인 인사를 했다.

나는 악업惡業만 까발려서 얼렁뚱땅하는 판관도 많다는 소문을 들었기에 판관의 입을 주시하였다. 판관은 판결문을 낭독하지 않고 나를 곁으로 오라는 손짓을 했다. 불꽃 문양이 조각된 거울을 보여주었다. 업경業鏡이었다. 업경은 생전의 과보果報가 낱낱이 되비치는 거울이다. 판관은 내가 동네 친구들을 꼬드겨 도깨비불을 잡겠노라 꽹과리를 쳐대며 부슬비 내리는 공동묘지에서 밤을 지새운 황당한 사건, 단골 대폿집 마담의 전화번호와 제때 갚지 않았던 외상 술값 청구서, 영어 단어 외우기가 너무 힘들어 염소에게 억지로 단어장을 뜯어 먹이다가 누나에게 혼나는 모습, 시시콜콜한 일상까지 낱낱이 저장된 업경을 보여주었다.

판관은 내가 쌓은 선업의 두루마리와 내가 지은 악업의 두루마리를 업칭業秤에 올렸다. 판관은 입술을 지그시 깨물었다. “인턴 저승사자의 업경 판독에 실수가 있었나 봅니다. 당신은 개똥밭으로 돌아가야겠습니다. 환생의 기쁨을 후회 없이 누리다가 때가 되면 조용히 오세요. 요즈음 옷을 벗고 한 일은 옷을 입고 나면 깡그리 까먹는 허깨비들, '#me too'를 유발하는 주책바가지들이 득실거립니다. 게다가 선택적 기억상실증을 빙자하는 망나니들의 재심 청구가 산더미같이 쌓여있어 어쩔 수 없이 당신의 업경 평가를 무기한 미루기로 했습니다."

판관은 긴 한숨을 지었다. "명부전이 너무 비좁습니다. '#me too'를 외칠 때마다 명부전 마당은 북새통이 됩니다. 엊그제는 노벨문학상을 꿈꾸는 한량이 성추행 고발을 당했답니다. 그저께는 꼴값한 배우가, 사이비 교수가 학생들을 희롱했답니다. 어저께는 연극계의 대부라고 자처하는 늑대가 대명천지를 활보하다가 포획됐답니다. 일전에는 나라 살림을 봐달라고 뽑아준, 믿었던 도끼가 위력을 휘둘러 '그 짓거리를 했다, 하지 않았다.'를 번복하다가 자연인으로 돌아가겠노라 발뺌했답니다. 그 번지레한 변명을 들은 팔도의 노송들이 뿌리를 뽑아 흔들며 발끈했답니다. 그들이 구린내를 숨기려고 솔숲으로 기어든다면 당장 날짐승과 들짐승을 데리고 숲을 떠나겠노라고 청기와집 대문에 방을 붙였답니다."

해무가 출렁이는 이른 아침에 천둥 치는 전화벨 소리가 울렸다. 판관은 들뜬 목소리로 내가 '명부발전위원회'의 지구별 대표로 뽑힌 것을 축하해 주었다. 그리고 '죄는 지은 대로, 덕은 쌓은 대로'라고 쓴 주렴을 걸어두고 공정한 선악 감별을 위하여 노력하고 있으며, 매주 월요일 정오에 각자의 인과응보 평가서를 전송하여 명부 판관을 빙자한 '악업 털기'사기범들을 검거하고 있단다.

명부 체험관 신축사업은 순조롭게 진행되고 있으며, 릭키 코헨의 〈코끼리 벨라 이야기〉에 나오는 영혼 심판법을 벤치마킹하겠단다. 신축 명부전은 양수리의 '두물머리'와 삼랑진의 '뒷기미'가 낙점될 가능성이 높다 했다. 명부에 호출된 영혼은 반드시 두 개의 강줄기가 흐르는 계곡에 홀로 서 있게 하고, 가까운 강줄기의 수면에는 그들이 살아온 행적을 비춰주고, 맞은편 강줄기의 수면에는 그들이 능력을 발휘하여 정성껏 살았다면 누릴 수 있었던 성취를 비춰주어, 그들이 보낸 허송세월을 통감할 수 있는 최적지로 평가되었기 때문이란다.

판관은 호언장담하였다. '두 강줄기 수면에 아름다운 인생의 참모습이 똑같이 떠오르게 하려면 주어진 삶을 어떻게 살아야 했는지'를 뉘우칠 때까지 반복하여 업경을 비춰 보이겠노라고. (2017)

왕궁리 석탑에 빌다

왕궁리 오층석탑은 비바람에 닳아져 왜소했다. 석탑은 생로병사의 굽이마다 중생들의 애타는 갈구를 다독이느라 목이 타는지 냉기 품은 겨울 햇살을 삼키며 몸을 움츠리고 있었다. 짧은 인생의 절실한 염원과 영혼의 영원한 안식을 층층이 이고 천년을 버텨 온 석탑은 찬바람이 이는 하늘에 얼굴을 묻고 말이 없었다.

정월의 끝자락을 잡고 전주에 왔다. 〈수필과비평〉의 신인상을 받던 그날의 흥분을 되새김하고 싶어 해마다 이맘때가 되면 전주에 온다. 전국 각지에 흩어져 수필 밭을 일구는 동인들도 코뚜레를 잡아끌지 않아도 전세버스를 타고 전주에 모여든다. 그들도 나와 같이 문학상과 신인상을 축하하고, 세상을 바라보는 섬세한 눈썰미에 감탄하는 강연을 듣고, 일부러 짬을 내지 않으면 쉽게 볼 수 없는 백제문화의 문학기행을 즐기고, 대한민국을 대표하는 수필가들의 기를 듬뿍 받고 싶어 전주에 모여드는 것은 아닐까.

나는 해마다 한 번은 전주에 다녀와야 가라앉는 별스러운 병이 있다. 세미나의 공식 행사가 끝나고 동인들과 어울리는 뒤풀이 탐닉 병이다. 세미나 초청장이 오는 그날부터 나는 불타는 뒤풀이에 마음이 들떠 전주에 갈 날을 손꼽는다. 수필 세미나가 열리는 날, 삼천동 막걸리 주점에 빈자리를 잡기란 신인상을 받는 그것보다 더 어렵다. 순번을 기다려 어렵사리 얻은 테이블, 엉덩이만 간신히 걸치는 비좁은 자리라도 만경평야가 부럽지 않다.

삼천동 막걸리는 언제나 뽀얀 얼굴로 점잖게 나를 맞이한다. 막걸리는 세상살이의 고뇌를 숙성시켜 수필로 녹여내는 삶의 묘약인가 보다. 막걸리 사발이 부딪치는 소리가 잦을수록 가슴에 묻어 두었던 희로애락의 사연들은 담쟁이가 되어 벽면을 타고 넘어 천정으로 퍼져 간다. 먼저 다녀간 주선들이 남긴 그라피티에서 내 이름 석 자를 주워 막걸릿잔에 띄워 주며 세상 멋모르고 천진하게 잘 살아 준 나를 위하여 사발이 넘치도록 막걸리를 권한다.

전주 세미나의 뒤풀이가 화끈했는지 허접했는지는 이튿날 아침 문학기행 버스에 올라타면 티가 난다. 목이 칼칼하고, 목소리는 허스키로 변성되고, 약간은 어질어질하고, 텅 빈 공복감에다 조금 과했나 싶을 만큼 위장이 뭉근하게 쓰린데도 왜 웃음이 절로 날까. 전주 세미나의 뒤풀이로 콕콕거리는 속쓰림이 도졌는데도 너털웃음으로 딴청을 부리는 나는 도대체 누구인가.

나는 그가 왜 하필이면 전주 세미나에 와서 속쓰림을 앓고 싶은지 잘 알고 있다. 나는 그가 막걸리 뒤풀이에 어울려 "수필을 위하여!"라는 주문을 한 번만 외우기만 하면 글쓰기의 속쓰림은 일 년 내내 도지지 않는다는 낭설을 믿고 사는 어리석은 사람이라는 것도 잘 안다. 나는 그가 속쓰림을 개운하게 풀어주는 콩나물국밥이 무쇠 솥뚜껑을 들썩거리며 밤새도록 부글부글 끓고 있는 곳, 쓰린 속을 포근하게 풀어주는 모주母酒가 달콤하게 익어가는 곳, 수필에 홀린 동인들의 축제가 열리는 전주를 내치고 수필만을 탐하면 무슨 염치가 있겠는가 하고 중얼거리는 혼잣말을 들은 적도 있다.

오늘도 왕궁리 석탑은 가족의 안녕과 영혼의 안식을 비는 사람들로 붐볐을 것이다. 왕궁리 석탑에 합장하지 못하고 익산을 떠나온 일이 못내 아쉽다. 언젠가 나도 전주 콩나물국밥의 개운함과 모주의 훈훈함이 배어나는 그런 수필, 세상살이의 속쓰림을 덜어 주는 그런 수필을 쓰게 해 달라고 왕궁리 석탑에 두 손 모아 빌어본다. (2015)

네 박자 한 소절

쿵작쿵작 쿵따라쿵짝, 악단이 전주를 연주하며 흥을 돋운다. 가수는 전주의 끝자락을 놓칠세라 발 박자를 치며 리듬을 탄다. 전주는 1절의 멜로디를 무대에 깔아놓고 암막 뒤로 비켜선다. 가수가 노랫말을 음미하며 감정을 잡는다. 가수가 1절의 멜로디를 손끝으로 낚아채며 객석을 휘어잡는다. 가수가 생로生老의 아름답고 숭고한, 병사病死의 연약하고 덧없는 서사를 숨김없이 토해낸다. 1절의 노래를 끝낸 가수가 가쁜 숨을 고른다. 악단은 그 틈새를 놓치지 않고 감미롭게 간주를 연주하고, 2절의 멜로디를 가수에게 넘긴다. 가수가 2절을 열창하면 악단은 오선지를 박차고 나올 엔딩을 준비한다. 가수가 청중의 희로애락을 멜로디에 실어 노래한다. 트로트의 신내림이 빙하의 피오르가 되어 청중의 가슴을 후벼파며 객석을 휘몰아친다. 단기 기억상실의 오싹한 전율에서 깨어난 객석은 기립 앙코르를 외친다.

모 방송사가 기획한 오디션 프로그램이 트로트 열풍에 불을 지폈다. 무대가 익숙한 현역 가수와 노랫말조차 제대로 깨닫지 못할 것 같은 앳된 출연자가 트로트의 한恨을 겨룬다. 우리가 트로트에 열광하는 이유는 왜일까. 트로트의 리듬과 가사가 구구절절 가슴을 파고드는 이유는 왜일까. 한 번쯤은 잔잔한 봄바람 같은 전주로, 소나기 같은 사랑의 멜로디로 오늘을 열창하고 싶은 바람 때문인가. 트로트가 일상에 찌들어 지친 심신을 웅변하기 때문일까.

트로트가 왜 들불처럼 번져갈까. 음식은 간이 맞아야 하고, 사랑은 가슴이 설레야 한다. 노래는 박자가 맞아야 하고, 트로트는 꺾어 넘는 애잔함이 곁들어야 감칠맛이 난다. 트로트의 인기가 들불처럼 번지는 것은 3분 남짓한 짧은 곡조에 인생 여정의 회한을 치유할 수 있는 휴식처가 있고, 돌덩이로 퇴적된 삶의 옹이를 녹여내는 위로가 샘솟고, 숨이 막힐 듯 꺾어 넘는 가락의 소절마다 인생극이 회상되기 때문이리라. 트로트에 중독되어 자리에 눕는 일이 생긴다 해도 트로트만큼 용한 명약을 찾기란 당분간 어려울 성싶다. 그래서 트로트가 '동의보감'반열에 오르나 보다.

트로트 광풍의 발원지는 어디인가. 타향살이의 외로움, 이루지 못한 사랑, 기약할 수 없는 재회, 빈털터리 인생살이의 푸념, 흘러간 청춘의 야속함, 불효의 눈물, 사랑의 고백, 구구절절 내 가슴을 헤집어 본 듯한 노랫말의 가락인가.

전주가 엄마 품에 안긴 아기의 꿈길이라면, 1절은 광야를 맨발로 달리는 청년의 함성일 테다. 간주가 중후하고 세련된 중년이라면, 2절은 곰삭은 완숙미로 엔딩을 준비하는 노년의 여유로운 미소이리라. 트로트는 전주, 1절 메들리, 간주, 2절 메들리, 엔딩의 순서로 잘 엮어진 인생 교본이다. 지금, 이 순간 누구는 전주를 듣고 있을 테고, 어떤 이는 2절까지 모두 부르고 엔딩의 화려한 마무리만 남겨 둔 사람도 있을 터이다. 또 어떤 사람은 후회없이 인생을 노래하고 옷깃을 여미며 무대를 내려서고 있을 것이다.

전주의 잔잔한 선율이나 엔딩의 화려한 선율이나 모두 오선지를 벗어날 수 없다. 마음 편하게 유복한 인생을 산 사람도, 후회스러운 삶을 살았던 사람도 모두가 아름다운 마무리를 꿈꾸고 희망한다. 엇박자 쉼표로 뜀박질의 출발이 남들보다 뒤처졌다고 낙심하거나, 높은 음정이라고 고함치며 우쭐대거나, 낮은 음정으로 태어났다고 기죽을 필요가 없다. 눈물이 뚝뚝 떨어지는 저음의 가르침이 고함치며 악을 쓰는 고음의 싸움꾼을 다독인다.

인생은 오선지의 그물 그네를 타는 짧은 음표이다. 지금, 이 순간 트로트 멜로디에 맞춰 어깨를 흔들자. 어차피 인생은 '쿵작쿵작 쿵따라쿵짝'에 울고 웃다가 아침 이슬처럼 홀연히 사라지는 네 박자 한 소절의 트로트가 아닌가. (2021)

길섶에서 갸웃거리다

수영장 탈의실은 나체천국이다. 수영장으로 들어가는 사람과 수영을 마치고 나오는 사람들이 뒤섞여 샤워하느라 자갈치 어시장만큼 북적거린다. 탈의실에서 나이가 지긋한 남자가 관리인을 부르는 소리가 심상찮다. "관리인! 관리인 양반! 마룻바닥이 이렇게 질퍽거리는데 닦지도 않고 뭐 하고 있소. 아침부터 낙상하여 엉덩관절이라도 금이 가면 당신이 책임질 거요." 관리인이 마른걸레를 들고 바람같이 나타났다. "방금 닦고 돌아섰는데 어느 양반이 또 영역표시를 해버렸네요. 죄송합니다. 유난히 물 수水

자가 들어가는 수요일만 되면 바닥에 물을 찔끔찔끔 흘리며 영역표시를 하는 수컷들이 들끓습니다. 특히 에어컨 바람이 시원한 자리가 지뢰지대입니다. 조심하세요"라고 속삭이듯 말했다. 탈의실 문짝을 부숴버릴 듯이 고함치며 관리인을 몰아세우던 손님이 멋쩍게 웃었다. 관리인은 탈의실 구석진 곳에 걸어 둔 '사람은 다 때가 있는 법이다.'라고 쓴 액자를 눈으로 읽으며 마음을 추슬렀고, 나는 지우개처럼 돌돌 밀리는 '몸의 때'가 연상되어 목운동하는 척하며 고개를 갸웃거렸다.

장산 계곡의 숲길을 산책하다가 게을러야 장수한다는 이야기를 우연히 엿들었다. "팔십 넘어서면 오래 못갑니다. 우리 집주인 동갑 계원이 열 명인데 이제 세 명 남고 모두 저승 갔습니다. 셋 중의 한 명은 요양 병원에 갔고, 한 명은 고치기 힘든 병이 나서 대학병원에 입원했다네요. 먼저 저세상으로 간 양반들, 한때는 모두 잘 나갔지요. 그런데요, 술이라면 자다가도 일어나는 말술 애주가가 일등으로 갔고요, 줄담배 골초 아저씨가 그다음을 이었지요. 부모가 지어준 몸뚱이를 제멋대로 굴린 순서대로 하직했습니다. 맨손체조조차 하기 싫어 게으름 피우는 우리 집 양반이 아직 꼬장꼬장하게 살아있다는 것이 참 신기하다니까요. 요즘은 귀가 먹었는지 텔레비전 소리를 자꾸 높이고, 눈이 침침한지 사람을 잘 몰라보는 모습이 안쓰럽기는 해도 잘 먹고 잘 삽니다." 산책길에서 주워들은 '게으름 건강법'의 뜬소문이 긴가민가하여 계곡물에 손을 담그고 고개를 갸웃거렸다.

콜로라도의 로키산맥은 검붉은 색깔의 레드락으로 유명하다. 덴버의 골든시티를 출발하여 샛노란 단풍 숲이 아름다운 애스펀 리조트로 가는 고갯마루에 올랐다. 선사시대의 선돌을 닮은 거대한 레드락이 근육질의 육상선수가 출발선을 박차고 일어서는 몸짓으로 까마득하게 솟구쳐있었다. 레드락은 산화철 광물질이 들어있어 붉은색으로 보인단다. 레드락 속에는 태고의 어패류와 해조류의 다양한 화석이 잠자고 있고, 이것은 깊은 바닷속의 레드락이 지각변동으로 융기된 증표란다. 인디언 속담에도 사람이 걸어서 갈 수 있는 가까운 곳에 병을 치유하는 약초가 있다고 했듯이, 그 아득한 태고의 해양 생태계가 궁금하면 목숨을 걸고 깊은 바닷속으로 잠수할 것이 아니라 심해 해양생물의 옛 모습을 고스란히 간직하고 있는 로키의 레드락에 오르면 손쉽게 그 실마리를 찾을 수 있단다. 연목구어緣木求魚, 나무에 올라 물고기를 찾는 일은 불가능

하다는 고사성어가 빈말이 되어버린 레드락의 고갯마루에 서서 고개를 갸웃거렸다. (2019)

힘 빼고 살라시면

골프를 배우러 갔다. 초보자가 조심해야 할 안전 수칙을 듣고, 7번 아이언으로 연습을 시작했다. 그립 잡기, 어드레스, 스윙의 기본 동작을 손바닥에 물집이 생기도록 연습했다. 티칭프로는 개인지도의 첫 시간부터 '공을 끝까지 보고 머리를 들지 말고 부드럽게 힘을 빼고 치라'고 가르쳤다. 힘을 빼고 휘두르면 골프채가 빠져 도망갈 것 같고, 힘을 주고 휘두르면 매트 바닥만 내리찍었다. 맨땅을 칠 때마다 파고드는 찌릿찌릿한 충격에 진저리가 났지만 멋진 폼의 '굿샷'을 꿈꾸며 참고 견디며 연습했다.

티칭프로가 날을 잡았다고 했다. 산에 데리고 간단다. 웬일로 갑자기 등산하러 가느냐고, 체력단련이라도 하느냐고 티칭프로에게 물었다. 대부분의 골프장이 산기슭에 만들어져 있어 산에 간다고 한단다. 산으로 갔다. 아침 이슬을 머금은 잔디밭은 말쑥하고 깔끔했다. 콩닥거리는 가슴을 달래며 티잉 그라운드에 섰다. 페어웨이의 끝자락에는 그린의 하얀 깃발이 가물가물 나부꼈다. 나무못같이 생긴 티 위에 작고 단단한 공을 조심스레 놓았다. 티칭 프로의 도움을 받아 탁 트인 잔디밭 한가운데로 방향을 잡았다. 골프채 중에서 길이가 가장 긴 드라이버를 잡고 바람 소리가 나도록 휘둘렀다. 눈 깜짝할 사이에 공이 사라졌다가 코앞에 톡 떨어졌다. 공을 멀리 보내지 못한 창피함을 무릅쓰고 아이언으로 두 번째 샷을 준비했다. 공을 째려보며 힘껏 내리찍었다. 잔디밭이 파헤쳐지고, 공은 축구장같이 넓디넓은 페어웨이를 두고 덤불로 빗나갔다. 거리를 벌충할 속셈으로 세게 치면 칠수록 공은 제멋대로 도망갔다.

색소폰을 배우기로 작정했다. 단추가 다닥다닥 달린 문어발 같은 악기의 모양도 별스러웠고, 색소폰을 보면 황금빛에 그을린 매혹적인 S자 몸매의 여인이 연상되기도

하고, 트로트를 연주하는 로맨스 그레이의 여유로운 모습이 부러웠기 때문이다.

저지르자. 지금 시작하지 않으면 두고두고 후회할 거라고 자신을 스스로 다그치며 색소폰 클래스에 등록했다. 악기를 사서 초등학교 첫 등교의 설렘으로 수업에 갔다. 마우스피스에 수수깡 리드를 조립하고 악기 다루는 요령을 배웠다. 색소폰 선생님이 마음 내키는 대로 한번 불어 보라고 했다.

수줍게 살며시 불었다. 소리가 나지 않았다. 오기로 세게 불었다. 문풍지 떠는소리가 났다. 엄청나게 세게 불었다. '삑–'하는 소음이 고막을 쳤다. 선생님은 아랫배에 힘을 주고, 마우스를 단단히 물고, 부드럽고 가볍게 불어야 좋은 소리가 난다고 했다. 보리피리도 아니고 퉁소도 아니고, 백두급 씨름선수의 장딴지같이 우람하게 생긴 큰 나팔을 부드럽게 불어서 소리를 내라니, 양 볼이 터지라고 힘껏 불어도 기척조차 없는 데 힘을 빼고 불라는 가르침을 이해하기 어려웠다.

골프도 색소폰도 가시밭길이다. 숙취를 이기지 못하여 늘여져 있었거나, 지독한 설사로 탈진된 일 말고 나 스스로 힘을 뺀 기억이 거의 없다. 힘깨나 써보려고, 힘쓰는 축에 끼이려고 아는 척, 센 척, 잘난 척하며 발버둥 친 삶의 굳은살이 고목 옹이처럼 이곳저곳에 박혀있어서인지 '힘 빼고 부드럽게'라는 말귀를 내 몸이, 내 손가락이 알아먹지 못해서 애가 탄다.

안절부절 않으련다.

지천명知天命의 굳은 몸으로 입문한 뒤땅치기 골프지만 때때로 불러주는 라운딩 친구가 있고, 이순耳順의 굼뜬 연주지만 손뼉 박자로 흥을 돋우는 아내가 있어 든든하다.

물러서지 않으련다.

힘 빼고 살라는 세월의 회초리가 한 발채나 쌓여 있기에.

(2013)

묵언 수행

아파트를 끼고 도는 산책로 한쪽에 낯선 아저씨가 멸치를 팔고 있다. 아기 발바닥 같은 큰 멸치, 까나리 부터 낚싯바늘같이 꼬부라지고 속이 훤히 보이는 아주 작은 세멸까지 크기 순서대로 상자의 뚜껑을 열어 놓았다. 멸치 아저씨는 나무상자에 걸터앉아 코가 땅에 닿을 듯이 구부정한 자세로 휴대전화만 만지작거리고 있다. 배가 아픈가. 장사가 시원찮은가. 청정해역의 전통 죽방렴에서 갓 잡아 올린 명품 멸치라고, 새까만 눈알이 초롱초롱한 최고급의 신선 멸치라고 떠벌리고, 누나 형님이라 호객하고 맛보기 멸치를 건네며 각설이 타령을 불러도 장사가 될까 말까 한 처지에, 마스크 까지 쓰고 그냥 멀뚱거리고 있는 멸치 아저씨의 처지가 딱하기 그지없다.

가끔 교회의 전도사들이 휴지나 커피를 나눠주는 한적한 산책길 모퉁이에 멸치 아저씨가 불쑥 나타난 것도 별스럽지만, 산책 나왔다가 멸치를 사갈 사람이 몇이나 될까. 게다가 비린내를 탐하는 반려견이 끙끙거리며 따라붙는다면 난감할 텐데 누가 멸치를 사갈까.

아내가 멸치 아저씨의 처지가 안타까웠던지 발길을 멈추었다. 바다에 풀어주면 금방이라도 헤엄쳐 갈 것 같은 투명하고 깔끔한 세멸 한 상자를 골랐다. 도시락 반찬으로 인기가 높았던 그 볶음 멸치다. 아내가 내 옆구리를 쿡 찔렀다. 툭하면 척이다. 멸칫값을 내라는 신호다. 산책하러 가거나 장을 보러 갈 때 내가 뒤따르는 날이면, 아내는 아예 휴대전화까지 집에 두고 나간다. 언제부터인지 기억나지 않지만, 아내가 물건을 고르면 나는 내 호주머니의 지갑부터 더듬는 조건반사 버릇이 나타났다. 가격표를 봤다. 2만 원이다. 휴대폰 케이스에 끼워 둔 비상금이 생각났다. 곱게 접어 끼워 둔 돈이 보였다. 세상에 이런 일이! 반가움은 잠시였다. 단풍잎의 오만 원권이 아니고, 배춧

잎의 만 원권이다. 아뿔싸! 잠깐 산책을 하자길래 휴대전화만 달랑 들고 나선 통에 지갑도 카드도 없다.

멸치 아저씨는 내가 만원밖에 없다는 것을 눈치챘다. 요즈음 골목길 노점상도 경쟁이 치열한지 '카드 됩니다.'라고 쓴 팻말을 붙이고 장사를 한다. 신용카드 계산기가 있다 해도 카드 수수료까지 떼이면 뭐로 먹고살겠나 싶어 현금으로 줄 요량이었다. 멸치 아저씨가 나직하게 말문을 열었다. "가끔 이 자리에서 멸치를 팝니다. 산책하러 가다 오다 만나면 챙겨주세요." 멸치 상자에 손잡이 테이프를 붙이면서 만 원만 주고 가져가란다. 멸치 한 상자에 얼마나 남을까. 밑져봐야 본전이라면 만원이나 남는단 말인가. 생면부지의 나에게 뭘 믿고 이만 원짜리 멸치를 만 원만 받고 건네주었을까. 내 얼굴에 만원도 떼먹지 못할 사람이라고 씌어있었나. 단돈 만 원도 빚이기에 마음이 홀가분하지 않아서 멸치 상자에 은행 계좌를 적어달라고 했다. 집에 와서 만원을 입금하자마자 기다렸다는 듯이 '감사합니다'라는 문자가 왔다.

이웃 나라에서 신종 코로나 바이러스의 우환憂患 거리가 생겼다기에 귓등으로 흘려보냈다. 제아무리 독한 놈이라도 길면 일주일 짧으면 칠일쯤 지나면 훌훌 털고 일어

나는 그런 감기이길 바랬다. 신종 바이러스는 국경을 넘어 전 세계를 휩쓸었고, 심지어 산책길 노점상의 목줄까지 잡고 흔들었다.

학교도, 수영장도, 국제공항도, 유명관광지도, 사람들이 모여드는 곳은 모두 문을 닫아걸었다. 코로나에 발목이 잡혀 자유로운 왕래가 봉쇄되었다. 생계의 빨간 신호등이 파란 신호등으로 바뀔 기미가 보이지 않는다. 코로나가 괜히 생겼을 리가 없다. 굴착기의 돌 깨는 소리로 산천의 고막이 찢어진 지 오래다. 난개발의 생태파괴와 불야성의 조명공해는 초목과 짐승들의 안락한 밤잠을 앗아갔다. 코로나가 사람들의 입을 마스크로 막고 묵언 수행默言修行의 고통을 맛보이는 이유는 무엇일까. 서로 의지하고 돕고 살자는 공생의 약속을 깨고 맹주 행세를 하는 황당한 인간에게 코로나가 회초리를 든 것이다. 신종 바이러스가 인간의 숨쉬기를 마비시키는 것도 사냥터와 둥지를 빼앗긴 야생동물이 그들의 치욕을 앙갚음하려는 선전포고가 아닐까. 코로나가 사람들의 웃음을 빼앗고 외톨이로 고립시키는 속셈은 무엇일까. 인간이 할퀸 대자연의 상처가 아물 때까지 집 밖으로 나오지 말라는 최후통첩이 아닐까.

뜨내기 등산객의 왕래가 잦은 산책로에서 만 원을 받고 선뜻 멸치를 건네주던 아저씨가 몇 주일 동안 보이지 않는다. "사람이 나다녀야 사든지 팔든지 할 텐데요. 편하게 왔다 갔다 할 그날이 꼭 올 겁니다."라고 선하게 웃던 멸치 아저씨가 행여 코로나에 걸려 격리되고 있는지 걱정이 된다.

멸치가 무리를 지어 코로나 바이러스를 잡아먹는 꿈도 꾸었다. 아동들이 재잘거리며 학교로 가는 활기찬 모습을 보고 싶다. 마스크를 벗어 던지고 편하게 숨을 쉬며 산책하는 그날이 하루빨리 오기를 간절히 기도한다. (2020)

수필을 처방하다

돋보기가 또 사라졌다. 돋보기가 무시로 숨바꼭질하며 나를 당혹하게 한다. 돋보기가 근로시간 준법 투쟁을 하나? 소파의 방석을 들춰보고 장롱에 걸린 양복의 호주머니까지 뒤집어 봐도 돋보기는 온데간데없었다. 엉덩이에 깔려 안경다리가 덜렁거리는 골절 사고를 당했을 때도 고무줄로 동여매고 세상을 돋보이게 하는 소임을 성실히 수행한 돋보기였기에 더욱 애착이 갔다. "돋보기야, 돋보기야" 이름을 흥얼거리며 부엌을 기웃거리다가 아내와 눈이 마주쳤다. 돋보기 하나 잘 간수하지 못하느냐는 아내의 핀잔이 내 가슴을 뚫고 지나갔는지 제풀에 온몸이 감전된 듯 찌릿했다.

건망증이 돋보기를 앞세워 나의 인지기능을 시험하는 건가? 치매가 간을 보는 건가? 치매인가? 치매보험도 들지 않았는데. 설마 그럴 리가? 요즘은 젊은 사람도 치매에 걸린다던데 설마가 일내면 큰일이지. 치매가 오면 물건 둔 곳을 기억하지 못한다던데. 치매가 오면 방향감각을 잃어 길을 헤매고, 가족과 친구를 알아보지 못하고, 아름답던 삶의 기억이 안개같이 부옇게 휘발된다던데. 만약 내가 사랑하는 가족과 헤어져 침묵의 탁노소託老所로 가야 한다면, 생각만 해도 가슴이 벌렁거리고 손발이 떨린다.

아내가 나를 걱정스레 바라보았다. 돋보기 가출의 해프닝에 겁을 먹은 아내가 내 손을 이끌고 보건진료소로 달려갔다. 보건소의 안심 치매센터에 가면 무료로 '인지기능'을 검사해준다는 알림 현수막을 산책로에서 봤기 때문이다. 이름, 시간, 요일, 간단한 구구단, 도형 맞추기, 과일과 채소 이름 외우기 등 다양한 질문과 검사를 했다. 치매가 아니란다. 누구나 경험하는, 정도의 차이는 있지만, 건망증이란다. 나이가 들면 주인의 허락 없이 수시로 안방을 들락거리며 구들장을 차지하는 무례한 불청객, 인지기

능이 저하되는 세월의 길목에서 기다렸다가 찰거머리 같이 달라붙는 괴팍한 놈이 건망증이란다. 아무리 인생 길동무가 씨가 말라도 건망증과 어깨동무하고 희희낙락할 사람이 세상천지 어디에 있을까.

제깐 놈이 뭐길래 돋보기 하나로 나를 우스갯거리로 만들어? 건망증을 따돌릴 비책을 은밀하게 수소문했다. 인터넷을 뒤져가며 건망증의 출생 비밀과 퇴치법을 수소문했다. 열 사람, 백 사람마다 추천하는 건망증 퇴치법은 산더미같이 다양했다. 구구단을 외우고, 신문을 읽고, 일기를 쓰고, 트로트를 배우고, 큰소리로 웃으며 손뼉을 치고, 춤추고, 악기를 배우고, 그림을 그리고, 불경을 외우고, 성경을 옮겨적고, 시를 암송하고, 바람 소리 파도 소리 새소리를 따라 하고, 고스톱을 치고, 영화 대사를 외우고, 만 보를 걷고, 애완동물을 키우고, 친구를 사귀고, 숲길을 산책하고, 자전거를 타고, 산 이름 백 개를 순서대로 매일 외우고, 수영하고, 맛집을 순례하고, 여행을 가고, 박물관 미술관을 구경하고, 텃밭을 가꾸는 등 일 년 365일이 부족한 각양각색의 건망증 처방이 봇물이 터지듯 넘쳐났다.

딱 부러지는 건망증 처방전을 찾는 것은 해운대 백사장에서 바늘 찾기보다 더 어려운 하늘의 별 따기였지만, 수필을 쓰고(詩文) 그림을 그리고(書畫), 춤추고 노래하면(歌舞) 노화에 따른 인지기능 저하를 늦출 수 있다는, 장복長服하기가 아주 까다로울 것 같은 긴 이름의 처방전, '시문서화가무탕詩文書畫歌舞湯'을 발견했다.

우선 수필을 쓰고 그림을 그리는 시문서화詩文書畫를 약탕기에 달여 마시며 건망증을 다스리는 임상시험을 계획했다. 그 첫 번째 처방으로 데생에 얽힌 유년의 기억을 곱씹는 수필을 써서 약탕기 바닥에 깔았다.

반세기가 훨씬 지난, 호랑이 담배 피우던 시절의 일인데도 기억이 생생하다. 시골 초등학교 미술 시간 준비물 때문에 소동이 났다. 난생처음 들어보는 '데생'을 배운단다. 선생님이 흑판에 준비물을 적었다. '목탄'과 '식빵'을 준비해오라는 선생님의 말씀에 모두 어리둥절했다. 데생은 크레용이나 물감을 사용하지 않고 목탄이나 연필로 사람, 과일, 물병을 그리는 것이라 했다. 목탄은 연필같이 생긴 숯검정이고, 식빵은 잘못 그려진 곳을 지우는 지우개로 사용한다고 설명하셨다.

소동이 났다. 우선 목탄을 구해야 했다. 반장이 문방구로 달려갔다. 시골 문방구에 4B 연필은커녕 목탄이 있을 리 만무했다. 반장이 묘안을 냈다. 목탄은 나무를 태운 숯

이니까 숯을 굽기로 했다. 먼저 숯을 구울 장소로 부엌이 넓고 아궁이가 큰 집에 모이기로 했다. 만장일치로 우리 집 부엌이 뽑혔다. 수업을 마치고 친구들이 모였다. 때마침 아침에 무쇠솥 아궁이의 잉걸불을 끄집어내서 된장을 끓인 화덕이 보였다. 친구들과 화덕을 쏟아 타다남은 숯덩이를 골랐다. 반장은 세심했다. 부뚜막에 공책을 펴놓고 숯으로 이리저리 선을 그어 보고, 동그라미를 그려가며 목탄이 연필처럼 잘 묻어나는지를 시험하였다. 아니나 다를까 종이가 구멍이 나고 찢어졌다. 그림이 잘 그려지지 않았다. 나이테가 촘촘하고 작은 구멍이 송송 뚫린 참나무 숯은 너무 단단하여 공책을 파먹고 숯이 잘 묻어나지도 않았다.

부엌에 둘러앉아 궁리했다. 나뭇결이 부드러운 오동나무나 버드나무 가지를 잘라서 목탄을 만들기로 의견을 모았다. 버드나무 조는 강가로 달려가고, 오동나무 조는 뒷산으로 올라갔다. 다음날 수업이 끝나고, 버드나무와 오동나무 가지를 뭉쳐 들고 우리 집 부엌에 다시 모였다. 바싹 마르고 곧은 나뭇가지를 골라 부엌칼로 연필같이 다듬어서 석쇠에 담았다. 꽁치를 굽듯 화덕에 석쇠를 올리고 앞뒤로 뒤집어가며 불을 붙였다. 버드나무와 오동나무 잔가지는 불이 잘 붙어 금세 재가되었다. 실패를 거듭하며 잔가지가 불이 활활 타오를 때 석쇠 통째로 물통에 담그는 목탄 제조의 비법을 찾았다. 물에 젖은 숯 연필을 장독대에 펴두고 햇볕에 말려서 몽당연필같이 생긴 목탄 연필을 만들었다.

산 넘어 물이 아니고, 산 너머 태산이 가로막고 있었다. 빵으로 그림을 지운다는 이야기도 생뚱스럽지만, 먹을 빵도 없는데 그림 지우개로 식빵을 준비할 일이 난감했다. 시장 거리에 사는 친구가 걱정하지 말라고 큰소리쳤다. 엄마가 장날마다 식빵을 만들어 판다고 자랑하며 어깨를 으쓱거렸다. 그 친구는 작은 삿갓 모양의 노란색 술빵, 겉에는 새카만 팥이 몇 개 뿌려져 있고 속에는 스펀지같이 구멍이 숭숭 나 있는 식빵을 가져왔다.

드디어 데생 미술 시간이 왔다. 숯 연필로 그림을 그렸다. 잘못 그려진 곳을 술빵으로 문질렀다. 술빵으로 지운 자리가 깨끗해지기는커녕 밥풀을 바른 듯 술빵이 끈적끈적하게 달라붙었다. 지금은 시골 시장에서 파는 술빵보다도 더 흔하디흔한 식빵, 본적도 먹어본 적도 없는 뽀송뽀송한 서양식 식빵, 샌드위치란 말도 들어본 적 없는 시골뜨기들의 미술 시간은 난장판이 되었다. 술빵도 마음대로 먹을 수 없었던 곤궁한 시절, 연필도 공책도 없이 빈손으로 학교에 오는 제자들에게 식빵 준비물 숙제를 냈던 선생님의 난감한 얼굴이 생생하게 떠오른다. 나는 지금도 식빵으로 데생을 지우는 방법이 있는지 알지 못한다. 억지로 알려고 하지 않았다. 행여 식빵을 데생의 지우개로 사용하지 않는다면 내 유년의 기억 창고가 속절없이 무너질까 두려워서이다.

돋보기가 사라진 날, 나는 건망증이 보란 듯이 돋보기 여러 개를 샀다. 침대 머리맡에 식탁에 컴퓨터 앞에 손가방에 자동차에 하나씩 두고 돋보기 건망증의 트라우마를 벗어던졌다.

건망증이 흘금흘금 곁눈질하며 내 곁을 얼쩡거렸다. 건망증이 빈손으로 떠나기가 아쉬운 모양이다. 건망증이 더듬거리며 이별의 인사를 했다. 만약 당신이 시문서화의 수필 쓰기를 게을리하면 이번에는 잠꼬대와 이명耳鳴까지 데리고 와서 판을 키우겠노라, 엄포를 놓았다.

2023년 새해가 밝았다. 건망증이 도져서 잠꼬대와 치매가 비집고 들어 올 빈틈이 없도록 더욱더 수필을 안아주고 쓰다듬으며 사랑해야겠다. '시문서화가무탕詩文書畫歌舞湯'의 수필 처방이 건망증에 시달리는 모든 이의 두뇌 건

강에 활력을 불어넣는 달콤하고 쫄깃한 식빵 지우개가 되기를 소망한다. (2023)

캥거루, 숲을 떠나다

새벽 수영을 다녀왔는지 빨갛게 상기된 얼굴이 촉촉하고 팽팽하다. 초록 꽃받침의 별 모양 모자도 멋스럽다. 미켈란젤로의 다비드상도 눈싸움을 피할 만큼 V자 얼굴의 턱선이 날카롭다. 얼굴에 점점이 박힌 노란 씨앗의 곰보 자국마저 요염하다. 새콤달콤한 마른침이 목줄을 타고 넘어간다. 딸기다. 엄동설한에 딸기가 납시었다.

딸기를 보면 미팅이 생각난다. 대학의 5월은 축제의 계절이다. 5월의 최대 과제는 중간고사보다도 축제에 동반할 파트너를 구하는 일이다. 지금은 초등학생도 하지 않는다는 미팅이 그 당시에는 대학생들만이 누리는 공개적인 남녀의 만남이었다. 한 번의 미팅으로 파트너를 만날 수 있다면 무슨 걱정이겠는가. 대학 축제일이 코앞에 다가올수록 파트너가 없는 친구들은 안달이 났다. 가끔 파트너가 있는 친구들이 양다리 미팅을 하는 바람에 파트너를 찾아 헤매는 친구들의 원성을 사기도 했다.

미팅의 성패는 상대가 누구인지도 중요하지만, 미팅의 장소와 분위기에 달렸다. 부산 주변의 지형 · 지세를 수소문했다. 낙동강 하구의 을숙도를 기점으로 강을 거슬러 올라갔다. 기차역에서 가까운 곳, 통기타를 치며 고래고래 소리를 질러대도 훼방을 받지 않는 시야가 트인 곳, 버드나무 그늘에 앉아 도란거릴 수 있는 곳, 야생의 찔레꽃이 흐드러지게 피는 곳을 눈여겨 탐색했다.

낙동강과 밀양강이 한 몸을 이루어 인연을 맺는 땅, 햇볕이 따갑도록 양지바른 땅, 모래 백사장이 끝없이 펼쳐진 강촌마을, 기차를 타고 갈 수 있는 곳, 딸기 농사를 짓는 부모님이 계시는 곳, 삼랑진의 고향마을이 내가 그토록 찾았던 미팅의 에덴동산일 줄 누가 알았겠는가.

'미팅 희망자 긴급 모집! 통기타를 치며 기차를 타고 가는 딸기밭 미팅! 축제 파트너를 만날 절호의 기회! 선착

순 마감! 주말 부산역 출발!'이라는 대자보를 학과 알림판에 붙였다.

5월은 장미의 계절이기도 하지만 새콤달콤한 딸기의 계절이기도 하다. 부산역에서 한 시간 남짓 기차를 타고 가는 재미도 쏠쏠하고, 경전선의 낙동강역에 내려 5분만 걸어서 강둑을 넘어서면 낙동강이 굽이쳐 흐르고, 청춘의 몸부림을 받아줄 백사장이 끝없이 펼쳐져 있고, 게다가 시골집의 노지 딸기밭에서 농익은 딸기가 무한 보충되었기 때문에 삼랑진 고향 집은 미팅의 명소로 입소문을 탔다.

때마침 5월의 교양 영어 시간에 '스트로베리 시즌'이라는 수필을 강독했다. 딸기밭에서 일어나는 수필의 한 장면을 흉내 내느라 우리 집 딸기밭은 주말마다 북새통을 이루었다. 일부러 잘 익은 딸기를 가슴골이나 등에 몰래 집어넣고 손바닥으로 치는, 딸기의 붉은 과즙 자국으로 꽃무늬를 찍는 '딸기 등치기'의 짓궂은 장난을 즐겼다. 딸기밭 고랑을 뛰어넘고 도망치고 넘어지고 딸기밭이 엉망이 되었던 기억이 생생하다. 딸기를 처음 따보는 친구들은 딸기만 잡고 잡아당기는 바람에 딸기가 뭉개지고 딸기 포기가 뿌리째 뽑히기도 하였는데, 어머니는 앞으로 나라에 큰일을 할 대학생들이 내년 봄이면 다시 돋아날 딸기 몇 포기 밟았다고 무슨 대수이겠냐고 웃고 넘기셨다.

어머니는 딸기밭을 망친 친구들의 어색한 분위기를 풀어주려고 딸기에 얽힌 우스갯소리로 분위기를 띄웠다. 삼랑진은 옛날부터 딸기 첫 재배지로 알려져 있고, 열차가 삼랑진역에 정차하면 잡상인 아주머니들이 딸기 바구니를 들고 다니며"내 딸 사이소. 내 딸 사이소."라고 외쳤단다. 이 소리를 들은 할아버지가 창밖으로 지팡이를 휘두르며 "저런 상놈 같으니라고. 딸을 팔아먹다니. 세상이 말세다."라고 탄식하더란다. 경상도 사람들은 '딸기'를 '딸'이라고 부르는 줄 몰랐던 할아버지의 믿거나 말거나 농담이라고 했다.

오래전 독일의 쾰른을 여행할 때다. 관광객이 붐비는 대성당의 넓은 광장에서 학생들이 무리를 지어 피켓을 들고 있었다. 여학생들은 딸기와 토마토 그림을 들고 있었고, 남학생들은 상추와 오이, 호박과 배추 그림을 들고 있었다. 내가 먹어 본 적이 없는 열대 과일 사진을 든 학생도 있었다. 키가 큰 남학생들은 '온실 과일과 채소를 먹지 맙시다.','제철 과일을 사랑합시다.','꿀벌을 사랑합시다.'라고 쓴 피켓을 들고 있었다. 여행 일정이 빠듯했던 탓도 있었지만, 학생들의 피켓 시위가 별스러웠고, 단순히 환경

보호를 호소하는 현장학습이라고 가볍게 생각하며 무심코 스쳐 지나왔다.

낙동강의 물길이 서너 번 바뀌는 긴 세월이 흘렀다. 친구들의 기억에서 삼랑진 딸기 미팅의 추억은 잊혀서 갔고, 고향의 노지 딸기밭은 비닐하우스의 온실로 변해버렸다. 엄동설한에 딸기를 찾아 나선 효자가 깊은 산속으로 가지 않고 슈퍼마켓으로 달려가는, 동화책을 고쳐 써야 할 헷갈리는 세상이 되었다.

5월에 먹던 딸기를 한겨울에도 마음껏 먹게 된 그때부터 지구는 몸살을 자주 앓았다. 사람의 입맛처럼 간사한 것이 없다고 했던가. 제철 과일을 기다리지 못하는 사람들의 조급함 때문에 지구의 생태환경이 뒤엉켜버렸다. 호주에 산불이 덮쳤다. 캥거루, 코알라는 물론이고 수십만 마리의 야생동물들이 희생되고, 10만 명의 주민이 대피하였다. 청정 관광도시로 이름난 시드니의 오페라 하우스가 잿빛 연무로 뒤덮였고, 멜브런의 호주 오픈 테니스 대회에 참가한 선수들이 숨쉬기가 힘들어 경기가 중단되기도 했다. 화상을 입은 캥거루가 숲을 뛰쳐나오는 장면이 텔레비전 뉴스에서 방영되었다. 온실재배의 이산화탄소도 지구의 숨통을 옥죄는 몫을 했을 것이다. 강 건너 불구경 같은 먼 나라 산불 이야기이지만 안타깝고 답답하다.

대한大寒 추위가 매섭다. 오늘따라 과일가게에 진열되어있는 겨울딸기의 때깔이 곱게만 보이지 않는다. (2020)

5부

바이칼

바이칼

그랜드 캐니언

사할린의 장미

그 여름의 새옹지마

여백을 챙기다

봄바람과 블로킹

코알라 어바웃

바이칼

바이칼 여행에 나섰다.

한민족의 시원지始源地가 궁금해서, 뽀얗고 매끈한 몸매를 뽐내는 시베리아의 자작나무숲이 보고 싶어서, 데카브리스트의 애환이 서린 이르쿠츠크에서 보드카가 마시고 싶어서, '유정有情'의 지순한 사랑이 잠든 호반을 거닐고 싶어서 바이칼에 간다고 너스레를 떨면 누가 내 낭만을 곧이곧대로 믿어줄까.

나는 바이칼을 잘 모른다. 기껏해야 바이칼 호수 곁에 우랄산맥이 있고, 주남저수지에 날아오는 겨울 철새가 바이칼이 있는 시베리아에서 온다는 정도가 전부이다.

바이칼은 지척에 있었다. 시차도 없었다. 서울에서 비행기로 4시간 만에 바이칼 여행의 관문인 이르쿠츠크 공항에 내렸다. 오밤중에 도착하여 지루한 입국 절차를 거쳐 동녘이 부옇게 밝아오는 새벽녘에 이르쿠츠크 메리어트 호텔에 여장을 풀었다.

이르쿠츠크의 첫째 날, 바이칼의 리스트비얀카 포구로 갔다. 드디어 말로만 듣던 바이칼 앞에 섰다. 짐작은 했지만, 산수화에서 보던 아담한 풍경의 작은 호수가 아니었다. 바이칼은 땅 위에 내려앉은 하늘이었다. 바이칼은 검푸르고 위풍당당하였다.

바이칼에 손을 담가 악수를 청했다. 바이칼은 섬뜩하게 찬 손을 내밀었다. 기온이 30도를 웃도는 여름 날씨인데도 손가락이 시렸다. 유람선을 타고 바이칼에 나갔다. 제법 큰 너울이 출렁거리고 바람도 세차게 일었다. 유람선에 있는 담요로 몸을 가리고 바이칼의 상표가 붙은 보드카 술병을 땄다. 훈제 오물(연어와 비슷하게 생긴 바이칼의 특산 물고기)을 안주 삼아 보드카 한 잔을 들이켰다. 보드카의 취기가 가실세라 타이태닉 자세로 바이칼을 훔쳐 안고 기념사진을 찍었다.

이르쿠츠크 둘째 날, 환 바이칼 관광열차를 탔다. 이르쿠츠크역을 출발한 관광열차가 두어 시간 달려 슬류지안카 역에서 시베리아횡단철도를 벗어나자 바이칼 호수가 마중을 나왔다.

관광열차는 바이칼의 옷자락을 잡고 칼바위 벼랑길을 아슬아슬 비껴갔다. 관광열차는 터널을 지나고 잔교棧橋를 건너고 산허리를 감돌았다. 관광열차는 호수에 발을 헛디딜까 봐 겁에 질려 슬금슬금 기어갔다. 관광열차는 안내방송도 없이 멈추고 싶으면 그냥 섰고, 가고 싶으면 기적을 서너 번 길게 울리고 출발했다. 열차가 멈출 때마다 관광객들은 여기가 거기 같은 바이칼을 배경으로 기념사진을 찍었다. 앙카솔라에서 포르투 바이칼 종착역까지, 5시간 내내 물만 봤다. 달팽이 걸음으로 꾸물거리며 바이칼만 보여주는 관광열차의 속내가 답답하고 궁금했다.

관광열차가 바이칼호숫가를 느릿느릿 간 것은, 관광열차가 물만 보여준 것은 '가장 아름다운 인생은 물처럼 사는 것이다(上善若水).'라는 노자의 답안지를 바이칼에 펼쳐두고 우매한 나의 인생여로人生旅路를 스스로 채점해보라는 선문답이었을까.

인생이란 제각기 서로 다른 역에서 출발하여 서로 다른

목적지에서 내리는 관광열차와 같다면 과장된 비유일까. 지구별에서 머물러야 하는 삶의 여정이 바이칼 관광 구간 80㎞로 정해져 있다면 시속 백 킬로미터로 과속하고 싶은 사람은 몇이나 될까. 지구별에서 아등바등 발버둥 친 삶의 의미가 고작 바이칼 호수에서 퍼낸 물 한 사발이라면 너무 억울하고 허탈할까.

관광열차가 플랫폼이 없는 앙카솔라, 끼르끼레이, 빨라빈늬, 슈미하의 간이역에 설 때마다 사다리를 받쳐 주던 앳된 러시아 청년의 미소가 생생하다. 억척으로 살다 보면 이웃에게 손 한 번 선뜻 내밀어 주기 힘든 세상이다. 언젠가는 나도 지구여행을 멈추고 타는 곳이 없는 간이역에서 무작정 빈손으로 뛰어내려야 할 것이다. 4박 6일의 여정으로 바이칼 호수를 다 둘러보고 갈 수 없듯이 우리의 삶도 언제나 미완성으로 끝난다. '빨라빈늬역'은 환 바이칼 호수 철길의 '중간역'이라는 뜻이란다. 인생의 반환점을 돌아 본 사람이면 안다. 이웃을 헤아리는 작은 사다리 하나쯤 품고 살면 얼마나 여유로운지.

관광열차는 진종일 바이칼 곁을 맴돌다가 편안한 날숨을 쉬며 종착역 뽀르트 바이칼에 멈추었다. 바지선을 갈아타고 샤먼 바위의 전설을 들으며 저녁노을이 이글거리는 안카라강을 건넜다.

오늘도 바이칼 알혼섬에는 건강과 장수와 평화를 축원하는 오방색의 자아라가 휘날리고 있을 것이다. (2015)

그랜드 캐니언*

쉬지 않고 달렸다. 삼지창을 닮은 키 큰 선인장의 거수

* 그랜드 캐넌 협곡의 깊이는 1 마일 이상(1.83 km), 폭은 최대 4-18 마일(6.4-28 km), 길이는 277 마일(466 km)이고, 협곡의 단면에서 17억년 이전에 만들어진 지층을 볼 수 있단다. 그랜드 캐년을 다녀온 후 영겁(永劫)의 의미를 주석하여 보았다. 영겁의 세월은 무한대(∞)의 겁(劫)이다. 일겁(一劫, Kalpa)은 천년에 한번 떨어지는 물방울이 집채만한 큰 바위를 뚫어 없애는 시간, 100년에 한번 내려오는 선녀의 옷자락으로 사방 사십리 크기의 반석을 닳아 없애는 시간, 사방 사십리 철성(鐵城)에 겨자씨를 가득 채우고 100년에 한 알씩 꺼내 다 비워 질 때까지의 시간, 그리고 힌두교에서는 일겁을 43억 2천만년으로 해석하고 있단다. 그랜드 캐넌의 얼굴은 과연 몇 겁의 세월로 다듬어진 것일까? 자연을 자연 그대로 관리한다는 그랜드 캐넌은 1919년 국립공원으로 지정되었다.

경례를 받으며 평원을 지나쳤다. 선인장의 가시가 섬뜩했지만, 애리조나를 거쳐서 그랜드 캐니언으로 가는 이방인에게 선인장은 반가운 길동무가 되었다. 덤불이 듬성듬성 나있는 황야에 곧게 뻗은 아스팔트 길은 붉은 도화지에 먹줄을 놓은 듯 지평선 끝으로 가물거리며 이어져 있었다.

달리고 달려도 길은 줄어들지 않았다. 망망한 바다에 떠가는 착각을 떨치며, 정속 주행 장치의 버튼을 눌렀다. 핸들을 돌리거나 브레이크를 밟거나 가속 페달을 밟는 드라이빙의 기본동작이 필요 없게 되었다. 손발이 할 일 없는 따분한 운전에 졸음이 끼어들었다. 졸음을 내치느라 고래고래 노래하며 달렸다.

달렸다. 방금이라도 시가를 질겅거리는 눈매 사나운 총잡이가 박차를 긁어대며 먼지바람을 달고 뛰쳐나올 것 같은 황무지를 한참이나 달렸다. 카우보이 통가죽 모자를 엎어 둔 것 같은 외딴 산들이 지평선 끝에 솟구쳤다. 봉우리는 평평하고 언저리는 절벽을 이룬 산, 서부활극의 영화 배경에서 흔하게 보아온 낯익은 매사(mesa)를 배경으로 기념사진을 찍었다.

그랜드 캐니언으로 가는 길은 멀고도 더웠다. 자동차의 에어컨 바람은 열풍으로 데워져 나왔다. 주유소에 들를 때마다 구입한 얼음주머니를 수건에 감싸 안고 달렸다. 아메리칸 원주민이 좌판을 벌이고 있는 야트막한 언덕길에서 쉬었다. 포대로 감싼 아기를 둘러업은 원주민 여인이 작은 구슬을 색실에 꿰서 만든 팔찌, 목걸이와 귀걸이를 팔았다. 아기를 업어 키우는 원주민 여인의 모습은 우리나라의 풍습과 너무나도 흡사하였다.

로스앤젤레스의 친척 집에서 무려 1,000km, 9시간을 달려 2001년 8월 12일, 일요일 해 질 무렵, 가늠할 수 없는 엄청난 깊이로 내려앉은 아마득한 협곡에 다다랐다. 붉은 줄무늬로 단청丹靑된 천애 협곡이 눈앞에 펼쳐졌다. 온 우주를 삼키고도 남을 것 같은 대협곡, 영겁의 세월을 거쳐 간 별빛과 천둥과 아침이슬과 구름 그림자까지 낱낱이 새겨 둔 대자연의 공방, 그랜드 캐니언을 만났다.

다음날 이른 새벽 언제 또다시 이런 웅장한 대자연의 걸작을 볼 수 있을까 싶어 서둘러 호텔을 나섰다. 협곡은 아침 안개로 출렁거렸다. 태양의 스포트라이트를 받은 안개는 현란한 무지개 향연을 연출하였다. 잠깐 골바람을 느끼는 순간, 협곡을 넘실거리던 안개 바다가 흔적 없이 사라졌다. 느닷없이 콘도르 독수리 무리가 큰 원을 그리며 계곡으로 빨려들었다. 협곡이 환하게 열렸다. 실날같이 가느다란 황토색 물길이 눈앞에 다가왔다. 아득한 협곡기슭에서 콜로라도강이 용트림하며 흐르고 있었다. (2012)

사할린의 장미

칠흑의 밤이다. 갈매기가 앞장서서 뱃머리를 맴돌며 크루즈를 이끌었다. 크루즈가 너울을 헤치고 블라디보스토크항을 떠나 사할린으로 항해한 지 열두 시간, 동틀 무렵 코르사코프 항이 눈앞에 다가왔다. 잔설이 희끗희끗한 부두는 한산하였지만, 서너 대의 갠트리 크레인이 팔을 높이 들고 크루즈를 반겼다.

크루즈는 부두에서 멀찌감치 떨어져 닻을 내렸다. 갑자기 비상벨 소리가 났다. 선실 베란다에 나가 바깥을 살폈다. 승조원들이 노련하게 구명정을 내리고 있었다. 코르사코프 항은 대형 크루즈가 댈 수 없어 구명정으로 상륙하였다. 부두에는 40여 대의 관광버스가 우리 일행을 기다리고 있었다. 사할린에 이천 명이 넘는 관광객이 방문한 일도 처음이지만, 게다가 모두 한국 관광객이어서 사할린 한인회에 비상이 걸렸단다. 무엇보다 한국말을 할 줄 아는 안내자를 주선하는 일이 급했으며, 한인회는 40여 명의 자원봉사자를 수소문하여 3개월 동안 한국말을 가르치며 관광 안내를 준비하였단다. 한인회는 모국 동포의 사할린 방문이 자랑스러워 '가이드'라고 인쇄한 노란색 재킷 유니폼도 맞췄단다.

사할린 관광은 코르사코프 언덕에서 시작되었다. 내가 탄 버스의 안내자는 긴 가죽 코트에 롱부츠로 멋을 낸 다부진 체격의 중년 부인이었다. 그녀는 미리 준비해 온 빨간 장미 한 송이를 망향탑에 헌화하며 자기소개를 하였다. 그녀는 사할린에서 태어났으며, 장미농장을 하며 모스크바로 자녀들을 유학시킬 정도로 경제적인 어려움 없이 산다고 하였다. 그녀는 서툰 한국말로 아버지의 고향집 주소와 번지수까지 또렷하게 외우며 떠듬떠듬 말문을 열었다. 이중 징용의 치욕을 감내하며 부모 · 형제를 만날 날을 고대하다 운명하신 아버지의 침대 바닥에서 귀국 선표를 끊을 노잣돈이 꼬깃꼬깃 숨겨져 있었다는 말에 일행 모두가 울컥하였다. 일본패망으로 강제노역의 족쇄를 벗어나고도, 국적이 없는 미아로 홀대받았던 맨몸의 동포들은 눈만 뜨면 이 언덕에 올라와 눈이 빠지게 귀국선을 기다리다 죽어갔다고 했다. 사할린의 교포는 잊힌 채 수십 년 동안 버려져 있었다. 언덕에 세워진 돛대 형상의 망향탑은 이역만리를 떠도는 강제노역 동포들의 한 많은 원혼을 달래기 위하여 사할린에 진출한 한국기업이 2007년에 기증하였다고 설명하였다.

사할린에 간 날, 러시아는 전승 기념일의 축제로 들떠 있었다. 광장마다 탱크와 대포를 전시해놓고 앳된 얼굴의 남녀 병사가 무릎 춤을 추며 분위기를 북돋우고 있었지만, 조국이 나 몰라라 하고 동토에 내동댕이쳐졌던 동포의 3세로부터 환대를 받으며 관광하기가 염치가 없어 온종일 목이 탔다.

사할린 관광을 다녀온 지 이태가 되었다. 아직도 사할린이란 말만 들어도 장미 가시에 찔린 듯 가슴이 아려온다. '이제나저제나 귀국선을 애타게 기다리다 코르사코프 언덕에서 수없이 죽어갔다.'라는 망향의 절규가 가슴을 헤집는다. 동토의 사할린에 육신을 벗어두고, 백골이 되어서야 '아리랑'을 앞소리 삼아 고향 뒷산으로 귀국하신 아버지가 가여워서, 빨간 장미를 헌화하며 눈시울을 적시던 그녀가 지금도 눈에 밟힌다. (2018)

그 여름의 새옹지마

잡초가 텃밭을 점령했다. 잡초와의 전쟁도 전술이 필요하다. 제초제 한 방이면 초토화할 수 있지만, 잔류농약의 염려 때문에 해마다 호미로 전쟁을 치른다. 올해같이 유별나게 마른장마가 지면 잡초들도 목줄이 타서 실뿌리를 부채모양으로 넓게 펴고 마른 땅의 물기를 짜 마시는 배수진을 친다. 지피지기 백전불태知彼知己 百戰不殆, 잡초와의 전쟁에 이기려면 당연히 잡초의 생리를 알아야 한다. 가뭄에 시달리는 잡초일수록 실타래 같은 잔뿌리가 텃밭을 움켜쥔다. 번식본능에 목숨을 건 잡초를 뿌리째 뽑아낼라

치면, 잡초는 언제부터 텃밭을 그리도 사랑했는지 바짓가랑이를 물고 늘어지며 애달픈 순애보殉愛譜를 읊는다. 동정심은 금물이다. 흔들리지 말아야 한다. 사납고 매정해야 한다. 잡초가 텃밭을 움켜쥐며 거짓 눈물을 흘리는 생떼거리 전법을 막아야 한다. 팥죽 같은 땀을 흘리며 중력의 반대 방향으로 어깨가 빠지도록 잡초를 뽑아 올리는 작전은 돌멩이로 토끼를 잡던 시절의 먼 이야기다.

발본拔本은 가무 사리에 독이 오른 잡초를 제압하는 효율적인 작전이 아니다. 병病과 약藥이 영원한 동반자이듯, 잡초가 나에게 시련을 주었다면 분명코 불볕에는 잡초를 제압할 비책이 숨어 있을 것이다. 천기탐색天氣探索은 전투의 교양과목이다. 하늘을 봤다. 정수리에 불볕이 쏟아지고 있었다. 이글거리는 불볕에 감춰진 단검을 보았다. 회심의 무릎을 쳤다. 화공火攻이다. 잡초의 뿌리는 그냥 두고 대충 긁어서 바싹 말라죽이는 기발한 화공전술을 내가 생각하다니. 뿌리를 통째로 뽑는 것보다 수월하고 간단하다. 이제 잡초의 목숨은 내 손에 달렸다. 곧 잡초의 생명시계가 멈출 것이다. 밭고랑을 따라 잡초가 뒷걸음치며 도망가는 꼬락서니가 눈앞에 어른거렸다.

쾌락은 순간이라고 했던가. 환희의 오르가슴이 채 가시

기도 전에 눈앞이 캄캄했다. 텃밭에 비친 내 그림자를 보고 흠칫했다. 그림자가 길어지고 있었다. 햇살도 풀이 죽어 힘이 빠지고 있었다. 불볕이 시들하면 화공작전은 끝장이다. 언제 태양이 얼굴을 가릴지 모른다. 구름도 잡초 편이고, 소낙비도 잡초 편이다. 분초가 급했다. '생각은 깊게 행동은 민첩하게'라고 쓴 초등학교 현수막이 떠올랐다. 호미의 날을 그라인더에 갈아가며 잡초를 사정없이 긁었다. 뜨거운 열기에 잡초가 몸을 비틀었다. 열풍에 말라 바삭거리며 나뒹구는 잡초가 사랑스러웠다. 텃밭을 포복하며 한 포기의 잡초도 놓치지 않았다. 등줄기를 타고 넘치는 땀방울이 거울처럼 환해진 텃밭을 적셔갔다.

정수리를 비추던 태양이 귓밥에 올라탈 낌새를 보였다. 마음이 바빴다. 화공 전법에 위기가 닥쳤다. 새옹지마塞翁之馬의 복병이 반격했다. 휴식 없이 돌관突貫한 것이 일사병을 불러왔다. 어질어질하고 다리에 쥐가 내려 휴전을 선언했다. 무릎과 팔꿈치가 시큰거렸다. 잡초와의 한판승을 눈앞에 두고 분패하다니. 이럴 수도 저럴 수도 없어서 텃밭에 퍼질러 앉아 끙끙거리는 나에게 이웃사촌이 지나가는 소리로 말을 걸었다.

"어디 고장이 단단히 났나 보네요."
"불볕 노지露地는 책상머리하고 다릅니다."
"힘만 쓴다고 다 되던가요."
"잡초도 잘 못 다루면 어깨가 빠집니다."
"요즘처럼 더운 불볕에는 처삼촌 벌초하듯 대충하세요."
"파종 놓쳤다고 허둥대지 마세요."
"무슨 종자라도 뿌려두면 조금 늦될 뿐이지 하늘이 알아서 농사지어줍니다."
"잡초도 함께 살아야 가무 사리 안탑니다."
"잡초가 말라비틀어지면 새싹도 타죽습니다."
"풀 속에서도 호박꽃은 피던데요."
"아 참, 젖 먹던 힘은 끝까지 남겨두세요"
"힘 떨어지면 돌아갈 날도 깜박합니다."
"힘없으면 천대받고 흉하게 갑니다."
"이승 개똥밭에서나 저승 천당에서나 제 몸 하나 제대로 건사하지 못하면 개밥에 도토리 됩니다."
"이승에서 뼈 빠지게 일만 하다가 후들거리는 몸뚱이로 저승 콜라텍 가면 어느 마님이 손 한 번 잡자고 부킹하겠습니까."

"새옹지마, 자고 나면 세상이 바뀌데요."
"해 떨어지려면 한참 남았습니다."
"쉬엄쉬엄하세요."

탈이 난 내 꼴이 고소했던 것인지, 위로의 말을 해주고 싶었던 것인지 그 속뜻을 알 수 없는 이웃의 안부 인사가 얄미웠지만 그른 말은 아니었다. 하기야 이웃사촌 말대로 텃밭의 터줏대감을 뭉개고 막무가내로 덤빈 탓도 컸다. 며칠이 지나도 근육통이 나아지는 기미도 없고, 미련하게 병을 키운다는 아내의 핀잔이 귀찮아서 병원으로 가는 전철을 탔다. 비좁은 자리에서 능숙한 솜씨로 눈썹도 그리고, 립스틱을 바르는 분장의 달인을 보았다. '인생은 새옹지마'라고 우쭐거리면서도 겉이나 속이나 자신을 다듬는 일에 너무 인색하게 살아온 내가 민망해서 눈을 감았다. 뜬금없이 '오래 살다 보면 이런 일 생길 줄 내가 알았지!'*라고 탄식한 버나드 쇼의 묘비명을 우물거리며 전철을 내렸다. (2017)

---

* 오래 살다 보면 이런 일(죽음) 생길 줄 내가 알았지!
'I knew if I stayed around long enough, something like this would happen.'

여백을 챙기다

손자가 구깃구깃한 종이 두루마리를 내밀었다. 생일선물이란다. '사·랑·해·요·생·일·축·하·합·니·다.'라고 프린트한 축하 인사를 이어붙인 종이 현수막일 줄 알았는데, 선사시대의 암각화 분위기가 풍기는 해괴한 동물들과 로봇들이 서로 엉켜있는 벽화 같은 그림이었다. 생일선물을 마룻바닥에 펼쳤다. A4 백지를 테이프로 얼기설기 덧붙여가며 연필과 볼펜과 색연필로 그렸다. 전갈은 날카로운 집게발을 곧추세워 허공을 휘젓고, 머리가 셋 달린 공룡은 불을 내뿜으며 시조새를 쫓아가고, 대왕

문어는 눈알을 부라리며 초고층 빌딩을 휘감고, 괴물 경주차는 빙하 계곡을 쾌속 질주하며 흙탕물을 튀기고, 독거미는 거물을 던져 외계인을 포획하고, 붕대를 풀어헤친 미라는 우주선을 타고 별나라로 날아가고, 생일의 주인공인 나는 무인 로봇으로 잔디를 깎고, 그림을 선물한 손자는 종이접기 챔피언 메달을 목에 걸고 춤을 추었다.

격세지감에 찌릿했다. 손자의 지금 나이에 내가 그리던 그림과는 달라도 너무 달랐다. 나는 언제나 도화지를 반으로 접었다 펴서 위쪽 반은 하늘로, 아래쪽 반은 땅의 몫으로 나누었다. 하늘은 파란색 바탕에 해와 달, 별과 구름을 그렸고, 땅은 황토색 바탕에 강물과 물고기, 산과 나무를 그렸다. 나는 눈에 보이는 것들, 손에 잡히는 것들을 그렸었는데, 손자는 눈을 감아야 보이는 상상의 세상을 그렸다. 나는 도화지 한 장에 여백餘白이 없도록 빽빽하게 그렸었는데, 손자는 공룡이 걸어가듯 듬성듬성 여백을 남겨두었다. 나라면 물고기나 별을 숱하게 그려 넣어도 공백이 넉넉하게 남을 텐데도 여분의 A4 용지를 덧붙여가며 여백을 넓혔다. 왜 손자의 그림에는 텅 빈 곳이 많을까. 나더러 좋아하는 꽃이나 이루지 못한 꿈이라도 그려 넣어보라고 여백을 선물로 끼워 보낸 것일까.

무엇이 나의 여백을 앗아갔을까. 일제의 수탈과 한국 동란으로 대물림된 가난이었을까. 장독대에 고인 빗물에도 얼굴 한 번 제대로 비춰볼 새도 없이 비탈밭을 일구던, 입술연지도 바르지 않은 깡마른 민얼굴로 하나 아들의 상견례에 나서던 어머니의 눈 이슬이었을까. 아파트 평수 넓히기 경주에서 뒤처질까 봐 바늘귀 같은 휴식조차 돈으로 바꾸어야 했던 산업화의 탁류에 휩쓸렸기 때문일까.

가슴이 체한 듯 답답할 때는 여행이 명약이다. 여행은 여백 누리기의 씨눈이다. 말과 음식과 풍습이 다른 낯선 곳일수록 여행은 달콤하다. 동쪽 끝자락 부산에서 서쪽 끝자락 목포로 길을 잡았다. 길도우미에 목포문학관을 찍어 넣고 가속페달을 밟았다. 유달산을 비켜 돌아 문학관에 도착했다. 극단 '산하'를 창단하고 현대극을 정착시킨 '산불'의 극작가 차범석, 한국 최초의 여류 소설가로 필명이 아름다운 박화성朴花城, 근대극의 선구자로 소프라노 가수 윤심덕과 대한해협에 투신 정사한 극작가 김우진, 명료한 문체로 문학평론의 이정표를 세운 문학평론가 김현의 문학세계를 엿보았으며, 문학의 불모 시대에 글 밭을 개간하느라 애쓴 목포 문인들의 헌신에 손뼉을 쳤다.

역사유적 탐방이든지 문학기행이든지 여행의 최고 찬

사는 '잘 먹고 잘 놀았다.'라는 마무리 인사다. 목포 문학 기행에서 별미로 맛보았던 벌교의 맛조개 정식, 영산포의 홍어삼합, 목포의 민어 모둠 요리는 여행의 활력을 북돋우는, 여백의 소중함을 일깨우는 잿밥이었다.

나에게 허락된 삶의 여백이 나날이 줄어든다고 마음 졸이지 않기로 했다. 목포 문인들이 간척한 글 밭의 여백을 넉넉하게 챙겨왔고, 손자가 그림 속에 숨겨 보낸 여백도 풍족하다. 고추잠자리가 마당에 널어놓은 청양고추의 매운맛에 취했는지 하늘 높이 솟구치며 맴돈다. 풀벌레의 합창이 없는 가을 숲은 얼마나 공허할까. 그림에 그림자가 없다면 얼마나 밋밋할까. 희로애락의 잔도棧道*에 쉼터가 없다면 얼마나 팍팍할까.

가을 햇살이 애틋하다. 양철지붕을 두드리는 여우비가 발바닥이 뜨거운지 후다닥 뛰어간다. 이제라도 내가 놓쳤던 일상의 여백을 꼼꼼히 챙기며 살아야겠다. (2019)

---

* 험한 벼랑에 선반처럼 달아 낸 길

봄바람과 플로깅

누군가 다녀간 티가 난다. 마당 댓돌에 동치미 한 사발이 놓여있다. 아삭거리는 살얼음이 미쳐 녹지 않은 것으로 봐서 방금 다녀갔나 보다. 매화 꽃무늬가 그려진 사발이 낯익다. 사람이 있건 없건, 무시로 드론처럼 넘나드는 뒷집 형수님의 이 빠진 사발이다. 작년 가을에는 제주도 아들이 보내 준 밀감을 한 사발 담아와서 "새콤한 세상살이 달콤하게 살아보세"라고 우스갯소리를 하며 귤을 까서 입에 넣어주었고, 그저께 장날에는 설탕이 발린 찹쌀 꽈배기를 한 사발 가져와서 "이리 꼬이고 저리 비틀어진 팍팍한 세상살이, 고소하고 졸깃하게 오래오래 살아보세"라고 흥얼거리며 웃음 사발을 던지고 갔다. 형수님의 사발은 민낯에 매화 꽃가지로 멋을 낸 흰색 사기그릇이다. 한낮인데 형수님 집에서 수탉이 운다. 씨암탉이 달걀을 낳은 모양이다. 밀감 껍질로 사발 바닥에 방석을 깔고, 그 위에 방금 낳은 따끈한 달걀을 담아 이웃으로 달려가는 형수님의 발걸음 소리에 봄바람이 신이났다.

뺨이 시리고 손이 곱다. 봄바람이 뱀장어처럼 매끄럽게 빠져나가지 못하도록 실장갑 두 켤레를 겹으로 끼고 장화로 무장했다. 마당에 심어둔 석류나무 가시에 봄바람이 걸릴까 봐 대문도 활짝 열어두었다. 그런데도 봄바람은 대나무로 얼기설기 만든 대문만 흔들어 보고, 담장에 턱을 고인 채 마당을 기웃거렸다. 천방지축의 막춤 스텝으로 덤벙대는 봄바람과 실랑이만 하다가 마당에 주저앉았다. 봄바람이 몰려다니는 길목만 알면 장화를 벗어 통발을 놓으면 되겠는데, 세상 사람이 다 알고 있다는 '솜사탕같이 달콤한 봄바람'의 맛을 나만 몰라서 봄바람을 놓쳤다.

겨우 내내 조심스럽게 가슴을 여미고 있던 매실나무가 바람이 들었다. 곡괭이가 퉁퉁 튀길 정도로 땅은 해동되지 않았는데, 가지마다 죽은 듯이 입을 다물고 있던 꽃눈이 땡땡하게 부풀어 올랐다. 꽃봉오리가 봄바람을 마시고 불을 토하는 곡예사처럼 연분홍 꽃잎을 내뱉는 마술을 부렸다. 갓 피어난 매화꽃은 화분花粉의 향수를 귀밑에 뿌리고, 쌀쌀맞고 도도한 패션모델의 워킹 쇼를 펼치며 봄바람에게 손 키스를 보냈다. 노란색 줄무늬의 티셔츠만 걸친 맨발의 꿀벌들도 매화꽃 향기에 마취되었는지 부들부들 몸을 떨었다.

세상이 시끄럽다. 청년실업에다가 인구절벽까지 겹쳐 나라가 사라질 지경이란다. 매화를 피워야 할 봄바람이 마파람 된바람과 힘겨루기만 하다가 꽃눈을 깨우지 못한다면, 매화꽃 없는 서글픈 봄날이 오지 않는다고 누가 장담하겠는가.

매화꽃 그림이 수수한 형수님의 사발이 탐난다. 차가운 동치미 얼음을 담고도 따뜻한 인정을 담아 나르는 넉넉한 사발이 샘난다. 술 취한 걸음걸이로 좌충우돌하는 봄바람이 부럽다. 무심한 척 스쳐 가며 봄꽃을 피우는 봄바람의 동행이 아름답다. 올해 유난히 가지가 휘어지도록 매실이 조롱조롱 열렸다. 다행스럽게도 봄바람이 매화꽃을 피울 때, 서리가 내리지 않았다. 봄바람의 수고를 무서리라고 모를 리 있겠는가.

봄바람이 매화 꽃잎 한 장을 손바닥에 던져주고 떠나갔다. 봄바람은 예당초 주고받는 타산적인 삶이 아니라서, 젊어지거나 버리고 갈 것이 없는 팔자라서, 빈손보다 더 가벼운 바람이라는 이름을 얻었다. 봄바람은 꽃눈을 열어 산천을 꽃향기로 뒤덮는 조향사의 큰일을 하고도, 소쩍새가 울어 봄이 깊어지기 전에, 뻐꾹새 울음소리를 듣고 봄이 가기 전에 서둘러 자리를 떨고 일어섰다.

봄바람은 건들건들 플로깅*하며 아련하게 멀어져 갔다.

봄바람은 플로깅을 함께 못해 아쉬워하는 나에게 뒤도 돌아보지 않고 건들던들 떠나갔다. (2019)

* 플로깅(plogging): 가볍게 달리면서 쓰레기를 줍는 친환경 스포츠

코알라 어바웃

십여 년 전에 호주 시드니의 UNSW에서 방문 연구를 할 때다. 실험실용 가스를 싣고가던 대형트럭이 대학 구내에서 아내의 승용차를 들이받았다. 아내는 평소와 같이 나를 연구실로 바래다주고 돌아가던 참이었다. 아내의 연락을 받고 사고 현장에 달려갔다. 산더미 같은 대형트럭에 부딪힌 순간이 얼마나 아찔했길래 아내는 차에서 내리지도 못한 채 핏기 가신 얼굴을 감싸고 있었다. 트럭 운전사가 과실을 인정하고 사고 현장에서 보험사에 접촉사고를 신고하였다. 우리 차는 앞 범퍼의 오른쪽이 찌그러지고 전조등이 파손되었고, 다행히 아내는 다치지 않았다. 그러나 이제껏 한 번도 경험하지 못한 외국 체류 중에 당한 접촉사고라서 순조로운 사고처리가 염려스러웠다. 아니나 다를까 접촉사고를 신고한 지 3일이 지났는데도 차량수리에 대한 보험사의 안내는 감감무소식이었다. 덜렁거리는 범퍼로 일주일이나 연구실을 오갔는데도 보험사로부터 아무런 연락이 없어 조급증이 도졌다. 더욱이 외눈박이 전조등으로 밤길을 엉금엉금 기어 다니기가 불편하고 위험했다. 내일은 연락이 오겠지, 기대하며 참고 기다렸다. 시드니 도심의 대학 구내에서 생긴 접촉사고 보험처리에 케케묵은 백호주의가 끼어들 리는 만무하겠지만, 행여 접촉사고 가해자는 자국민이고 피해자는 외국인이라서 깔보고 홀대하는 것은 아닐까 하는 의구심마저 고개를 들었다.

집을 떠나 말도 물도 낯선 객지에서 살다 보면 생각하지도 못한 이런저런 곤궁에 빠질 때가 많다. 현지 사정에 밝은 가이드가 동행하는 관광여행이라도 갑자기 몸이 아프거나 차량이 고장나면 정말 난감하다. 병원 진료를 받으려면 그 절차가 까다롭고 번거로워 '차라리 앓는 것보다 죽는 것이 낫다'라는 말이 사무칠 때도 있다. 그래서 구급

약이 바닥이 나거나 자동차 고장으로 어려움을 당하면 유학생이나 한인교회, 한인타운에 사는 교민이나 한국식당의 도움이 큰 힘이 된다.

시드니 시내 번화가에서 초밥집을 하는 교민과 연락이 닿았다. 무어 파크 골프장에서 몇 번 라운딩을 함께한 터여서 허물없이 차량 사고처리의 답답함을 하소연했다. 내 사연을 들은 교민이 박장대소를 하였다. 시드니에 이민해 와서 호주 물정에 캄캄했을 때, 자신이 겪은 자동차 접촉 사고를 내가 곁에서 지켜본 듯이 보험사의 늑장 처리에 대한 불만을 판박이로 토로하는 것이 너무 신기하다고 했다. 다양한 언어와 문화를 가진 수많은 사람이 섞여 사는 시드니에서 살아가려면, 하루에도 수백 건의 접촉사고가 나는 번잡한 시드니에서 살아남으려면, 먼저 '코알라를 닮아야 한다'라는 알 듯 말 듯 한 농담으로 나를 위로하였다. 사고 차량을 보험사가 지정한 정비소에 입고하라는 수리 작업지시서를 받으려면 울화가 차서 심장이 열 번 정도 터질 즈음에야 연락이 오니까 신경쓰지 말고 기다리는 것이 정신건강에 좋을 거라고 조언하였다.

덜렁거리는 전조등을 접착테이프로 대충 붙인 채로 운전하기가 창피해서 편두통이 생길 지경이었다. 다행히 나는 대학 구내에 있는 은행에서 자동차 보험에 가입하였고, 창구 직원을 찾아가 접촉사고 경위를 설명한 후에, 가해 차량이 가입한 보험사에 수리 지시서 발급을 서둘러 달라는 전화를 부탁하였다. 창구 직원은 보험사에 사고 신고를 하였으면 보험사의 조치를 기다리면 될 일인데, 왜 재촉하는지 이해가 안 된다는 표정을 지으며 내 부탁을 달갑지 않게 여겼다. 보험사와 길게 통화를 마친 은행 직원이 나에게 전한 말을 옮기면, '내가 아무 일도 하지 않고 당신이 사고를 당할 것을 미리 예견하고 기다리고 있는 사람이라면, 당신의 차 사고가 접수되는 즉시 피해 상황을 확인하고 당신이 편리한 정비소에 지금 당장 수리 지시서를 발급할 수가 있다. 그러나 당신보다 먼저 사고를 당한 사람들의 보험처리가 산더미같이 쌓여있고, 사고접수 순서대로 처리하고 있어서 당신 차량의 수리 지시서를 우선으로 발급할 수 없다'라고 했단다. 더욱이 가관인 것은 '빨리 수리하고 싶으면, 사고를 미리 냈었어야지'라고 했단다. 이게 무슨 귀신 방귀 뀌는 소리인가. 내 상식으로는 사고가 났을 때 겪을 정신적 불안과 경제적 손실을 최소화하고 신속한 사고수습을 대신해 달라고 보험을 드는 것인데, 황당한 답변에 매스꺼운 현기증이 났다.

타관을 떠돌며 크고 작은 곤궁에 빠지면 처량한 까마귀 소리도 고향 까마귀의 애달픈 울음소리로 들리는 법이다. 컴퓨터 바탕화면에 깔아둔 태극기를 보자마자 보험처리의 낙원, 나의 조국, 대한민국이 눈앞에 어른거렸다. 크고 작은 교통사고가 나면 구난차와 구급차가 쏜살같이 달려오고, 보험사 직원이 총알같이 달려와서 피해 내용을 파악하고, 상대방 차량의 보험사와 협의하여 신속하게 대처해줄 뿐만 아니라, 전조등이 파손된 정도의 접촉사고 수리는 한나절, 아니 한두 시간이면 끝이 난다. 그런데 시드니 보험사는 차량수리에 대한 아무런 통지도 없이 일주일을 꿀꺽 삼켜버렸고, 보험약관에 따라 지극히 정상적으로 처리되고 있으니 느긋하게 기다리라는 투의 답변이 부아를 돋웠다.

누구나 한 번씩은 경험한바 같이, 교통사고를 내거나 당하면 정신적인 피해는 물론이고 이동의 자유로움이 속박되고 일상생활의 시간표가 엉클어지므로 신속한 원상회복이 필요하다. 그런데 시드니에서 찌그러진 범퍼를 복원하고 전조등 하나 새것으로 갈아 끼우는 데 보름이나 걸렸다. 교통사고의 경각심을 불러일으키기 위하여 보험사가 일부러 사고처리를 미적거리는 것이 아닐까 하는 막연

한 억측도 나를 괴롭혔다. 아무리 자동차 사고를 줄이려는 기발한 보험 정책이 숨어있다고 해도 나의 조국, 대한민국이라면 망해도 골백번을 망했을 그런 형편없는 보험 서비스였다. 우여곡절 끝에 접촉사고의 보험처리는 끝났지만, 보험사의 늑장 대응에 울화가 치민 것은 우리나라 보험사의 신속하고 나긋나긋한 보험처리에 길들어져 있어 과민하였던 탓도 한몫하였을 것이다.

접촉사고가 나고 진을 빼는 보험사의 지극히 정상적인, 기억하고 싶지 않은 늑장 처리에 몸살을 앓고 나서 시드니 사람들의 운전 습관을 유심히 살펴보았다. '어바웃about' 이라는 교통표지만 보이면 일단 정지하여 코알라가 되었다. 회전 교차로의 '라운드 어바웃round about'을 만나면 무조건 멈춰서 좌우를 살피고 서행운전을 하였고, 캥거루가 출현하는 숲이나 공원길에는 앞발 펀치의 달인 '캥거루 어바웃', 럭비공이 연상되는 어린이 보호구역의 '스쿨존 어바웃', 걸음이 굼뜬 노인들이 많이 사는 주택가 골목길은 '시니어 어바웃', 유칼립투스 나무숲 근방에는 코알라가 잠을 깨지 않도록 경적을 금지하는 '코알라 어바웃' 등등, 호주는 주변을 살피면서 느리게 살아가는 '어바웃'의 천국이었다.

'코알라를 닮아야 호주에서 살 수 있다'라는, 그 속뜻이 아리송한 말이 시드니에 체류하는 내내 귓가를 맴돌았다. 하늘과 땅의 경계가 모호한 메마른 광야, 아웃백outback에서 살아야 하는 오리진 원주민에게 진종일 늘어지게 잠을 자는 코알라의 게으름이 생존의 길잡이가 되었을까. 시드니 보험사 직원들은 세상 서둘 일 없는 '코알라 나무타기 체조'를 하며 일과를 시작하고, '코알라 낮잠 휴식'으로 피로를 풀며 보험처리 늑장 대응법의 묘책을 연구하지는 않을까. 원주민이 살았던 그 옛날부터 시드니 사람들의 가슴에는 느림의 천재, 잠보의 아이콘인 코알라를 한 마리씩 품고 살지 않았을까.

빨리빨리의 나라, 5G의 에덴동산에서 코알라의 느림과 보험사의 늑장을 되새겨 본다. 로마에 가면 로마의 법을 따르고, 시드니에 가면 코알라의 법을 따라야 하는 줄도 모르고 늑장 보험사를 다그쳤던 조급증이 탱자나무의 가시가 되어 가슴에 박혀있다. 낙상 주의보에 몸을 사려야 하는, 코알라의 느림을 본받아야 할 '코알라 어바웃'의 세월 한가운데에 서 있다. 멈춤 신경이 탈이 난 질주 본능을 벗어던지고, 가을바람이 청량한 오솔길을 코알라 걸음으로 느릿느릿 걸어간다. 느림의 여유가 휘파람을 분다. (2021)

박홍일 수필집
턴 투워드 부산 TURN TOWARD BUSAN

인쇄 2023년 7월 25일
발행 2023년 8월 01일

지은이 박홍일
발행인 서정환
펴낸곳 수필과비평사
주소 서울시 종로구 삼일대로 32길 36(운현신화타워 빌딩) 305호
전화 (063) 275-4000
팩스 (063) 274-3131
이메일 essay321@hanmail.net
출판등록 제300-2013-133호
인쇄 · 제본 신아출판사

저자와 협의, 인지는 생략합니다.
잘못된 책은 바꿔 드립니다.

ISBN 979-11-5933-478-8 (03810)
값 15,000원

Printed in KOREA